历史教学的思与行

姜少梅 / 主编

北京燕山出版社
BEIJING YANSHAN PRESS

图书在版编目（CIP）数据

历史教学的思与行 / 姜少梅主编. — 北京：北京
燕山出版社，2019.12
ISBN 978-7-5402-5630-2

Ⅰ.①历… Ⅱ.①姜… Ⅲ.①中学历史课—教学研究
Ⅳ.①G633.512

中国版本图书馆CIP数据核字（2020）第017035号

历史教学的思与行

主　　编	姜少梅	
责任编辑	满　懿	
出版发行	北京燕山出版社	
地　　址	北京市丰台区东铁匠营苇子坑138号C座	
电　　话	010-65240430	
邮　　编	100079	
印　　刷	北京政采印刷服务有限公司	
经　　销	新华书店	
开　　本	170mm × 240mm　16 开	
字　　数	230千字	
印　　张	12.75	
版　　次	2022年6月第1版	
印　　次	2022年6月第1次印刷	
定　　价	45.00元	

编 委 会

目录

第一篇　教学研究

第二篇　教学方法

第三篇 **教学案例**

第四篇 **教学反思**

第五篇 **教学感悟**

第一篇

教学研究

1

浅谈国家主权和海洋意识教育

——从2018版部编八年级上册教材的一处细微变化说开去

深圳市龙岗区平安里学校　邝旭东

初阅2018年版部编教科书《中国历史》八年级上册，发现与2017年版相比，有几处较细微的变化。其中，第4课《洋务运动》里第三子目"建立新式海陆军"的正文部分，除了增加独立的一个自然段讲述"左宗棠收复新疆"这一内容之外，在讲近代海军建设时还增加了"同年还在台湾建立行省"。看似不太起眼的变化，其实反映了统编历史教材中一个重点突出的教育内容——国家主权和海洋意识教育。对此，笔者不揣浅陋，行笔成文，以期与同行交流。

一、国家主权和海洋意识的基本内涵

国家主权体现在一个国家独立自主地处理自己的内外事务，管理自己的国家。刘海英指出："国家主权意识即国家主权独立意识，它是一国国民必须首先具备的意识。无论何时何地，捍卫国家主权和领土完整是每个国民应尽的义务。"可见，要维护国家主权和领土权益，首先得具备这种意识。

海洋意识是指人类在与海洋构成的生态环境中，对本身的生存和发展采取的方法及途径的认识总和，首先包括海洋国土意识和国家权益意识。冯梁认为："海洋意识既是决定一个国家和民族向海洋发展的内在动力，也是构成国家和民族海洋政策、海洋战略的内在支撑。建设海洋强国，必须首先从确立正确的海洋意识开始。"可见，国家主权和海洋意识教育对于实现一国的国家利益具有至关重要的先导作用。

二、历史上的国家主权和海洋意识

在我国古代，受"华夷之辨"观念的影响，历代王朝对于边疆地区缺乏一

视同仁的平等对待，一般将其视为受保护的对象、战略缓冲地带，而未在国家意识上将其平等地纳入国家领土主权的领域。

我国是海洋大国，数千年来大陆文化与海洋文化的交融共生孕育了灿烂的中华文化。然而，尽管有"海上丝绸之路"的长期存在和郑和下西洋的举世壮举，历史上一贯的重农抑商、重陆轻海的传统观念还是让我们在明朝中后期开始逐渐远离了海洋，最终导致近代不可逆转的百年之殇。

从19世纪70年代清政府内部的"海防"和"塞防"之争，我们可以清楚地看到统治集团内部对周边民族地区的归属问题、主权观念和海洋意识的模糊。19世纪80年代，北洋、南洋、福建三支海军初步建成，但海权意识、海防观念仍然非常淡漠，朝廷上下普遍错误地认为有了近代化的海军就等于有了强大的海防。1884年中法战争期间，马江战役中福建水师几乎全军覆没，很大程度上就是缺乏近代化海防观念的结果。清政府在台管理制度的事权不专一、台湾独立防御力量的薄弱、闽台之间和台湾本岛通讯系统的落后，使清政府终于尝到了苦果，台湾海峡的制海权尽控于法军之手。因此，1885年台湾建省是当时形势发展的必然结果。十年之后的黄海大战，李鸿章命令北洋舰队躲进威海卫军港，最终全军覆没，亦是海防观念淡薄的延续。

三、新教材的细微变化与处理应对

2018年版部编八年级上册教材第4课《洋务运动》新增加"左宗棠收复新疆"和"在台湾建立行省"看似有些突兀，实则不然。它们都是在"边疆危机"的主题下，近代中国人为加强防务而建立"新式海陆军"的内容。且不论史实的重要性和知识的系统性，单从渗透领土主权意识的角度来看，2018版显然比2017年版单纯地讲建立新式军队要好得多。

对于教材的这种新变化，笔者认为有两种处理方法。其一是将"新疆"和"台湾"这两个内容置于"为应对边疆危机，加强国防，清政府而建立新式海陆军"这个视野下。开启军队和国防的近代化是洋务运动的意义之一，因此新增的内容对于本课的核心主旨是一种补充。其二，由于《洋务运动》这一课本身内容多且重要，不妨待近代史学完之后，将新增的这两个点与近代以来列强对中国的领土侵略放在一起，做一个"维护国家领土主权"的专题。

随着经济全球化的发展，我国综合国力和国际地位的日益提高，与外界的接触、交流也日益频繁。在这种情形下，加强对青少年学生的国家主权和海洋意识教育，不仅是统编历史教材中重点突出的教育内容之一，也应该成为历史教师的一种自觉。

（注：原文经修改后已发表于《中学历史教学》2018 年第 10 期）

参考文献

［1］刘海英.全球化态势下我国青年学生国家意识培育研究［D］.南京：南京师范大学，2007.

［2］冯梁.论21世纪中华民族海洋意识的深刻内涵与地位作用［J］.世界经济与政治论坛，2009（1）：71-79.

［3］张孙彪.试论中法战争与闽台分省的关系［J］.福建师范大学福清分校学报，2005（4）.

渗透学法指导 追求素养立意

——例谈初中历史原创试题的命制

深圳市龙岗区平安里学校 邝旭东

命题考试是所有中学师生的"必修课"，它不仅起着检测、反馈学生学习效果的功效，更因其导向性对课程教学具有"反拨"作用。"教育改革的成败得失主要取决于四大要素：理念更新是前提，课程教学是核心，教师队伍是关键，考试评价是导向。"而考试评价的效果如何，试题的质量起着至关重要的作用。

平时在一些教辅资料和网络资源中，经常见到一些考察死记硬背、毫无生命力可言的试题，有的甚至错误明显。这样的试题显然起不到对教学的正面导向作用。笔者以为，教师要想提高自身的命题水平，命制原创题是必经之路。一道合格的原创试题应当尽可能渗透学法指导，追求素养立意。笔者不揣浅陋，行笔成文，以期求教于方家。

例1：整理笔记是复习历史的一种重要方法。下图是一名学生在期末整理的历史学习笔记，请判断其笔记中明显错误的是（　　　　）。

	朝代	机构	职能（作用）
A	宋朝	市舶司	鼓励、管理海外贸易
B	元朝	宣政院	管辖新疆地方事务
C	明朝	锦衣卫	监察臣民，特务机构
D	清朝	军机处	遵旨拟文，君主专制强化

命题分析：本题考查学生对宋元明清时期一些重要机构的掌握情况，着重于基本史实的考察，比较全面地考察了基础知识。在选项的设置上，因相当部分初中生分不清楚"新疆"和"西藏"，缺乏相应的空间概念，这是一个易错

点。因此，此题具有较好的警示作用。

另外，本题依托于元朝设置宣政院的历史知识，将学习历史的方法——整理笔记予以渗透，引导学生自己进行复习总结。比起被动地等着教师统一印发复习提纲而言，学生经过独立思考、动手制作总结的历史图表和思维导图等复习资料，显然复习效果更好。

例2：我国是统一的多民族国家，就论证"西藏是我国领土不可分割的一部分"而言，下列哪方面的证据最具有说服力（　　　）。

 A. 当地的传说　　　　　　　　B. 网络的资料

 C. 古籍的记载　　　　　　　　D. 学者的专著

命题分析：相对于例1，本题从考查基础知识转变为考查基本的史学方法，考查目标和层次显然不同。历史的学习讲求证据，而不同的证据其价值也不同。本题意在引导学生形成重证据的历史意识，学会区分不同史料的价值，从而掌握基本的史学方法和历史思维。在信息获取极为便捷的今天，初中生容易受网络等各种信息的影响，应学会辨别其真伪与价值。

例3：课外阅读是学习历史的重要方法。下面是某位教师为学生推荐的课外阅读书目，请你按照历史发展的进程选出最佳阅读顺序（　　　）。

 A. ③①②④　　　B. ①④③②　　　C. ④①②③　　　D. ①③④②

命题分析：本题以甲午战争、戊戌变法、八国联军侵华、辛亥革命等重大史实为依托，考查学生对近代史主要脉络的梳理。学生对近代的四次侵华战争和四次近代化探索各自的顺序都比较熟悉，但将侵略与探索结合在一起，部分学生就容易混淆，归结起来仍是对历史时序性的模糊。

同时，本题意在引导学生感受"课外阅读是学习历史的重要方法"。在平时的教学和听课中，相当部分学生把"学习历史"等同于"背诵历史"，甚至部分教师也是将教材视为《圣经》。只有课本，没有书本；只有知识学习、没有方法引领。究其根本，是教师没有树立科学合理的教材观，缺乏课程意识。

例4："当时的情况十分紧迫，正在筹备9月份进攻长沙的毛泽东曾一度被抓，好不容易脱险……党中央命令继续进攻城市，但毛泽东不予理睬，决定退往国民党军防备薄弱的地带。"请问，毛泽东决定去的地方是（　　）。

A. 南昌　　　　　B. 会宁　　　　　C. 井冈山　　　　　D. 遵义

命题分析：本题旨在考查学生的历史阅读能力和时空观念，体会中国共产党早期的艰辛历程，感悟毛泽东实事求是的精神和灵活变通的智慧。题目中的背景材料取自日本讲谈社《中国的历史》第十卷"末代王朝与近代中国"。

由于有了鲜活的、可读性强的背景材料，题目不再是考察传统的知识记忆，而是要求学生在阅读材料、分析推断之后，将所学知识予以应用，进一步理解毛泽东开创农村包围城市的革命道路是将马克思主义原理与中国国情相结合的实践创新。

例5：制作时间轴可以帮助我们梳理历史线索。下面的时间轴包含了中国近现代史的一些重要节点，以下表述正确的是（　　）。

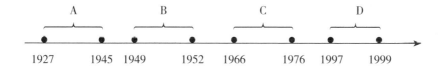

A. 国共两党关系由合作走向对峙　　　B. 开始改变了工业落后的面貌
C. 社会主义现代化建设的新时期　　　D. 祖国的统一大业完成了重要一步

命题分析：本题旨在考查学生对近代的国共关系、一五计划、"文革"等重大史实的理解，引导学生掌握构建时空观念的学习方法。今年是香港回归20周年，应引导学生树立关心时政的意识。

在日常教学中，我们经常可以发现学生将史实前后颠倒，闹出"张飞打岳飞，打得满天飞"的笑话。而制作时间轴是帮助学生梳理历史线索、明确历史发展进程的一种行之有效的学习方法。教师不仅应在课堂教学中给予学生学法指导，在考试中也应当渗透学法，使其潜移默化。因为考试不是教学过程的终结，而是课程教学的重要组成部分。

例6：下图是某部史书第一章的目录，该目录中两处分别代表的应是（　　）。

A.希腊：基督教　　　　　　　B.希腊：指南针

C.埃及：基督教　　　　　　　D.巴比伦：火药

命题分析：本题的命题灵感来自于陈乐民、周弘合著的《欧洲文明的进程》一书。本题以"欧洲文明之源"为总旨，将特定时间、空间中的特定史实放在史书的目录之中，不仅考查古希腊、古罗马、基督教等重要考点，还将中外历史结合起来，考查学生的时空思维，引导学生关注并重视课外阅读。

例7：漫画具有形象、直观的特点。下面这组漫画是一名学生根据某节历史课上所学的知识画的。请问这组漫画的主题是（　　　　）。

A.英国资产阶级革命　　　　　B.美国独立战争

C.法国大革命　　　　　　　　D.俄国十月革命

命题分析：本题以漫画的形式呈现，旨在引导学生注重漫画、图表等材料在历史学习中的功能价值，鼓励学生自己动手创作漫画、图表等学习性资源。教师也应引导学生将所学知识内化为历史认识，发挥学生的个性和特长，培养学生的创造性思维。

与文字材料相比，图画材料考查的多是形象思维能力，这更适合于读图时代的中学生，也更能考查学生的观察与思维能力。图片的使用还有利于提高考试阅读中的兴趣。之所以命制例7这样一道历史题，除了考查知识和思维，提高兴趣之外，更想给身边的同行和学生传达的是漫画在初中历史教学中的作用。教师平时布置的作业除了机械的题目和背诵之外，可以尝试漫画等生动活泼的形式，让学生用自己喜欢的方式表达。这既是丰富学生学习历史的有效方式，其优秀作品也可以成为教师日后教学的课程性资源。

历史本是鲜活的、有血有肉的，历史试题也应该充满生命力。背景材料新颖有趣，题干渗透学法指导，设问激发思维活力，追求能力和素养立意，甚至能给教师以教法启示，从而改进教学。如何才能提升历史试题的生命力呢？笔者以为，阅读与思考是关键。广泛地阅读才会积累丰富而新鲜的素材，试题才不至于干巴巴地直问直答，学生答题时才会有思考的空间。毕竟，单纯考查对历史知识识记的时代早已过去，"以能力考核为主要测试方向，重点考查用已学过的知识联系相关信息，分析和解决问题的能力"才是当下试题命制的基本方向。通过优质的试题"反拨"教学，促进历史教育教学的发展，在培养学生综合能力的过程中达成立德树人的根本目标。

（注：原文已发表于《中学历史教学》2018年第9期）

参考文献

［1］吕达.教师课程观至关重要——评苏强的《教师课程观研究》［J］.课程·教材·教法，2017（6）.

［2］任鹏杰，赵克礼.教育研究论文选题与写作·历史分册［M］.西安：陕西师范大学出版总社，2015：249.

［3］刘芃.考试文集［M］.北京：人民教育出版社，2012：334.

例题分析史料实证素养的考查与解题策略

——基于高三复习课中素养类题型解题方法的指导

深圳市龙岗区横岗高级中学　杨煜萍

2017年版普通高中历史课程标准指出："史料实证是指对获取的史料进行辨析，并运用可信的史料努力重现历史真实的态度与方法。"史料是历史认识的基石，实证是形成正确历史认识的重要方法。具体言之，史料实证素养是指在历史学习过程中借助史料实证方法，帮助学生准确掌握历史上的基本史实，培养实事求是的实证精神。

一、考题例析——史实的构建与史料实证能力的考查

近几年，全国卷的高考试题加大了对史料信息的获取和对解读能力的考查，无论是选择题还是非选择题，都大量引入史料创设问题情境。根据2017年版普通高中历史课程标准，高考对高中生实证能力的考查分为以下四个层次：

（1）知道史料是通向历史认识的桥梁，了解史料的多种类型，掌握搜集史料的途径与方法。

（2）通过对史料的辨析和对史料作者意图的认知，判断史料的真伪和价值，并在此过程中体会实证精神。

（3）从史料中提取有效信息，作为历史叙述的可靠证据，并据此提出自己的历史认识。

（4）以实证精神对待历史与现实问题。

由上可知，史料实证能力的考查包含了史料类型的辨别、史料价值的判断、史料信息的解读、历史认识与实证精神等四个内容。以2016年全国Ⅰ卷第25题为例：

例：下图为汉代画像砖中的农事图。此图可以用来说明当时（　　）。

A. 个体农户的生产劳作状态　　　　B. 精耕细作农业的不断发展

C. 土地公有制下的集体劳作　　　　D. 大地主田庄上的生产情形

命题分析：本题以图片史料为依托进行命题设置，要求学生提取史料信息并进行辨别，从而得出合理的历史认识。这体现了高考对史料实证素养不同层次的要求：

（1）史料类型的辨别。由题干"汉代画像砖"可知这是实物图像史料，是考据汉代历史现象的第一手史料。

（2）史料价值的判断。汉画像石、画像砖是特定历史时代的产物，我国著名历史学家翦伯赞称其为"绣像的汉代史"。其作为第一手图像史料，为研究汉代社会生活提供了形象、有力的证据，是文字史料的重要补充和印证。

（3）史料信息的解读与历史认识。图中画像砖反映的是汉代集体劳作的场景，可判断A项解读错误。从史料价值角度看，该画像砖仅是研究汉代经济生活的补充和印证。若仅从图像信息解读，并不能佐证B选项中精耕细作技术体系的发展。据徐勤海《从四川汉画像砖图像看东汉庄园经济》一文研究，该画像砖出土于德阳县，图中六个农夫装束者在农田劳作，右四人双手挥钹镰芟草拔土，又说是砍削秸秆，左二人执钵（装种）撒种。此为粗放的撒播方式播种，虽快速但浪费种子，且因株行距不分不便中耕管理，尚不能代表水稻播种技术的真正水平。因此，该文认为该图直观反映了东汉庄园中农业生产的情形。根据所学知识，随着土地私有制的发展，汉代土地高度集中，出现了田庄式的生产方式，豪强地主令贫民和破产自耕农依附于土地之上，采用集体劳作的方式，故D选项说法相对合理。

二、解题策略——信息的解读与史料实证能力的培养

1. 知其长短，史料证据力价值辨析的策略

梁启超在其《中国历史研究法》中指出："史料为史之组织细胞，史料不具或不确，则无复史之可言。"史料是研究和编纂历史所用的资料，也是高中生历史学习的基础。史料价值辨析包括鉴别史料真伪、明确史料类型、判断史料证据力三个步骤。然而，鉴别史料真伪不是朝夕可就的，其本身是一个烦琐的专业研究过程，而高中生目前的学科素养和能力无法达到专业水平。因此，根据高考考查的情况，应更侧重于史料类型和史料证据力方面的学法指导。

首先，明确史料类型。史料类型划分的方式有很多种，根据高考史料呈现形式可分为三种：一是实物史料，如古迹、文物、遗物等；二是文字史料，如各种著作、文献等；三是口述史料，如传说、回忆录、访问等。根据高考考查频率也可分为一手（原始）史料和二手（转手）史料。

其次，判断史料价值。不同类型的材料具有不同的史料价值，且各有长处和短处。在分析史料价值的过程中应注意以下几点：

（1）一手史料的价值比二手史料高。一般而言，历史事件、历史人物当时的相关文物和文字记载等原始材料相对客观、真实，史料价值高；二手史料往往主观色彩较强，其价值应结合记载者的身份、时代进行具体分析。

（2）实物史料的证据力要强于文字史料。文字史料受个人因素、政治因素和时代因素的影响，可能有不客观或作伪的成分。口述史料在传承中易出现偏离历史原貌、虚构夸大或口述不全面的局限性。而实物不受阶级和个人主观的局限，是最可靠、可信度最高的。

（3）衡量不同史料的价值高低不能绝对化。应看到不同的史料都有其可研究的价值，同时对一手史料不可一味迷信，也要看到实物史料不能反映历史全貌的局限性。

例1：（2017年全国Ⅲ卷第27题）关于宋太祖驾崩前夜宋太宗（时为晋王）的活动，北宋时期有不同记载。《续湘山野录》记载，宋太宗当晚曾与其兄宋太祖在宫中饮酒，并宿于宫中；《涑水记闻》则称，那晚宋太宗并未进宫。这反映出（　　　）。

A. 历史事实都是通过历史叙述呈现

B. 同一历史事实会有不同的历史记载

C. 历史叙述不能客观准确地再现历史事实

D. 综合多种历史叙述即可确认历史事实

命题分析：本题题干提供了两则文献型史料，要求学生通过对题干和选项的分析，考查史料价值判断的能力。其中A选项忽视了实物史料和文献史料都可呈现历史事实，文献史料具有一定的史学研究价值；C选项忽视了有些历史叙述客观准确地再现了历史事实；D选项过高估计了史料的价值，综合多种历史叙述只是有可能确认历史事实。而对同一历史事实，记载者由于主观方面或者客观方面的原因会有不同的历史记载，故本题判断B选项正确。

例2：（2017年新课标全国Ⅱ卷第35题）20世纪70年代至今，《赫鲁晓夫回忆录》多次出版，并被翻译成多种语言。因其内容的复杂性，不同年代版本的内容均有所不同。由此可知，此回忆录作为一种史料（　　　）。

A. 能够准确记述作者的事迹　　　B. 比相关研究著作的可信度更高

C. 版本越新越接近历史真相　　　D. 反映出时代对历史叙述的影响

命题分析：本题题干中的回忆录属于口述史料，虽然是极为珍贵的史料，但具有主观性，甚至一些回忆录有扬己贬人的缺点。因此，不能绝对保证"能够准确记述作者的事迹"，也不能保证"比相关研究著作的可信度更高"，更不能保证"版本越新越接近历史真相"。而"后人"对回忆录进行"加工"总是出于某种目的，肯定会有时代的烙印，故D选项正确。

2. 去粗取精，史料信息解读的策略

史料实证考查目标要求"从史料中提取有效信息，作为历史叙述的可靠证据，并据此提出自己的历史认识"，这也是高考能力考查目标要求"获取和解读信息、论证和探讨问题"的重要体现。这一考查要求普遍体现于选择题和非选择题中，因此信息解读能力是史料实证素养的关键能力之一。

（1）明出处——从史料来源中提取有效信息。在史料信息题中，出于命题科学性和严谨性的考虑，一般都要注明该史料的来源或出处。来源或出处中往往包含了解题的关键信息，如时间、时代背景、作者等，这些能帮助我们更准确地理解和把握材料的内涵和外延，界定题目考查的意图和知识点。

例1：（2015年全国Ⅰ卷第24题）《吕氏春秋·上农》在描述农耕之利时不无夸张地说："一个农夫耕种肥沃的土地可以养活九口人，耕种一般的土地也能养活五口人。"战国时期农业收益的增加（　　　）。

  A. 导致畜力与铁制农具的使用 B. 抑制了手工业和商业的发展

  C. 促进了个体小农经济的形成 D. 阻碍了大土地所有制的成长

  命题分析：本题主要考查春秋战国时期的小农经济。材料出处为《吕氏春秋·上农》，由此可获取的主要信息是春秋战国时期铁犁牛耕的出现、水利工程的兴修促进了农业生产的发展和农民收益的增加。战国时期的农民拥有一定的土地，生产主要是为了满足自家的基本生活需要和交纳赋税。在有限的土地上，农民会努力改进耕作技术，以提高土地利用率，增加农作物的产量。农业收益的增加进一步刺激农民的生产积极性，从而促进以家庭为单位的个体小农经济的形成，故C选项正确。

  （2）找关键——从题干、题眼中找有效信息。题眼是题干中的关键信息点，如时间、地点、范围、主语、程度词、限定词等。在解答试题时，首先要仔细阅读题干史料，善于寻找这些题眼，从中获取有效信息并联系所学，明确考查的知识点和答题的方向。其次，对选项进行判断时，可根据所提取信息充分利用排除法解题，如时间不合、史实有误可排除；空间不合、范围扩大可排除；无关材料、解读不全、对象有误可排除等。

  例2：（2018年全国Ⅰ卷第25题）据学者研究，唐朝"安史之乱"后百余年间的藩镇基本情况见下表。

"安史之乱"后百余年间唐朝藩镇基本情况表

藩镇类型	数量（个）	官员任免	赋税供纳	兵额与功能
河朔型	7	藩镇自擅	不上供	拥重兵以自立
中原型	8	朝廷任命	少上供	驻重兵防骄藩
边疆型	17	朝廷任命	少上供	驻重兵守边疆
东南型	9	朝廷任命	上供	驻兵少防盗贼

  由此可知，这一时期的藩镇（　　　）。

  A. 控制了朝廷财政收入 B. 彼此之间攻伐不断

  C. 注重维护中央的权威 D. 延续了唐朝的统治

  命题分析：本题从题干中心语"唐朝安史之乱后""藩镇"中可以获知与时代背景、主题相关的信息，从表格横向与纵向对比项"官员任免""赋税供纳""兵额与功能"中，可进一步得出唐代后期的藩镇除河朔型擅自任免官员、拥兵自立外，其他类型的藩镇均由朝廷任免，并且驻兵防止分裂和外族进犯，维护社会治安。由此可知，"安史之乱"后的藩镇基本维护了唐朝的统治，故D选项正确。另外，仅是"赋税"这一信息不能充分说明藩镇控制了朝廷的财政收入，范围被扩大，故排除A选项；河朔型藩镇的"兵额与功能"不能说明维护中央权威，以偏概全，故排除C选项；表格信息无法说明各藩镇攻伐不断，属于无关材料，故排除B选项。

（3）析结构——从划分层次中提炼有效信息。高考题因受篇幅限制，在选取史料命制试题时，命题者都会对史料进行取舍和反复敲定，所选取的史料往往有多层含义。因此，如何迅速有效地提炼出信息是解题的关键。在对史料的解读中应注意进行层次划分，并归纳层次大意，抓住史料中每一句、每一段之间的逻辑联系。划分层次的过程中要关注以下几点。

一要关注时间信息，从时间递进中找出史料现象的变化。

二要关注转折词、并列词，厘清前后句子间的逻辑关系。

三要关注标点符号，例如命题者在史料取舍中往往用"省略号"省去无效信息，留下有效信息，故"省略号"前后往往反映不同层面的信息。

四要关注材料的层次，如选做题给出的改革史材料，一般由改革的背景、措施和影响三部分构成。

对史料进行分层提取有效信息的方法可适用于选择题和材料题，先以一道选择题为例：

例3：（2013年全国Ⅰ卷第24题）在周代分封制下，墓葬有严格的等级规定。考古显示，战国时期秦国地区君王墓葬规模宏大，其余墓葬无明显等级差别；在经济发达的东方六国地区，君王、卿大夫、士的墓葬等级差别明显。这表明（   ）。

A.经济发展是分封制度得以维系的关键

B.分封制中的等级规定凸显了君主集权

C.秦国率先消除分封体制走向集权统治

D.东方六国仍严格遵行西周的分封制度

命题分析：解读材料信息，可注意到"周代""战国"两个时期，由此判断该题是史料现象的变化类分析题，考查某一阶段社会历史的变迁，重点在前后两个时间段里"变了什么"。根据分层信息，周代墓葬有严格的等级规定，而战国时期东方六国的墓葬仍然存在明显的等级差别，秦国则君主墓葬明显高于其余墓葬，这充分表明战国时期秦国率先由等级序列明显的分封制走向了中央集权统治，故C选项正确。

例4：（2013年全国Ⅰ卷第40题）材料一：①我国是最早利用海洋的国家之一，殷墟即发现了来自南海乃至阿曼湾的海贝；②齐国借助"边海"的地理条件，发展"鱼盐之利"，成为春秋战国时最为富庶的国家；③汉代"海上丝绸之路"雏形即已出现，魏晋而后，僧人"附商舶"西行"求法"，成为佛教东传的重要方式；④宋元时代，指南针等远洋航行工具的使用使海外贸易达到鼎盛；⑤明朝前期，在郑和下西洋的背景下，出现了一批重要的航海著作，如《瀛涯胜览》《星槎胜览》《西洋番国志》等，记录海行见闻，反映当时东南亚、印度以及阿拉伯、东非等地的风土人情、山川形胜；⑥明后期，郑若曾针对倭寇等问题，在《筹海图编》中明确提出"海防"的主张："欲航行于大洋，必先战胜于大洋。"⑦而明、清政府常常采用"海禁"的办法；⑧到鸦片战争前，"各省水师战船，均为捕盗缉奸而设"。

——摘编自白寿彝总主编《中国通史》等

（1）根据材料一并结合所学知识，概括指出我国古代海洋利用的特点。

命题分析：本题选取了中国古代和近代海洋利用的相关史料，综合考查获取材料的有效信息，以及归纳、概括的能力。根据设问要求，解答这道题最好的方法就是分层概括。首先根据材料呈现的时间线初步划分为八个层次，再根据第⑦句出现的转折性词"而"，联系前后句子的内在逻辑，可将第⑥⑦⑧合并为一个层次，即该段材料应为六个层次。第三步逐句分析概括，可得出以下特点信息。

第一层次：从时间上看，海洋利用历史悠久。

第二层次：从空间上看，多为近海利用。

第三层次：从内容上看，以经济文化交流为主。

第四层次：从空间、技术上看，远洋航行、航海技术发展由来已久。

第五层次：从著作上看，体现了中外文化交流。

第六层次：从意识上看，有海防意识，但不重视对外拓展。

最后再将各层次内容进行同类项合并，并综合概括，从而得出答案：①从沿海利用到远洋开拓；②先进技术应用于航海；③以经济文化交流为主，和平利用；④以民间交流为主；⑤海洋意识不足。

3. 推论有据，实证意识养成的策略

本文开头引用了2016年全国Ⅰ卷第25题的汉代画像砖为例，但针对画像砖内容判定农事图是否具有科学性的问题，学术界曾产生过分歧，不少学者认为该图表现了农业祭祀性仪式的某种场景，是一种象征性的活动场面，不是农业的一个真实场景。学术界的分歧恰恰体现了史学研究者在史料辨析中的严谨治学的实证精神。

实证意识体现为一种思维的引领，高中生在历史学习过程中要具备科学、严谨的史学研究态度，遵循"有一分材料说一分话"的治学原则，培养"论从史出、史论结合"的逻辑推理能力。

例：（2017年全国Ⅰ卷第26题）下表为不同史籍关于唐武德元年同一事件的历史叙述。据此能够被认定的历史事实是（　　）。

记述	出处
"秦王（李世民）与薛举大战于泾州，我师败绩。"	《旧唐书·高祖本纪》
"薛举寇泾州，太宗（李世民）率众讨之，不利而旋。"	《旧唐书·太宗本纪》
"秦王世民为西讨元帅……刘文静（唐朝将领）及薛举战于泾州，败绩。"	《新唐书·高祖本纪》
"薛举寇泾州，太宗为西讨元帅，进位雍州牧。七月，太宗有疾，诸将为举所败。"	《新唐书·太宗本纪》

A.皇帝李世民与薛举战于泾州　　B.刘文静是战役中唐军的主帅

C.唐军与薛举在泾州作战失败　　D.李世民患病导致了战役失败

命题分析：本题考查学生甄别史料及论证推断的能力。题干中提供的四则史料的来源均属于官修正史，四则史料对唐代初期唐军与薛举泾州之战有四种不同的叙述，要求考生确认能够被认定为历史事实的部分。本题的推断方法首先遵循"论从史出"的原则，解读史料信息可知A选项错在当时的李世民是秦王而不是皇帝，B选项错在刘文静的身份当时是将领而不是主帅，D选项唐太宗李世民患病是导致唐军作战失败的直接原因这一结论有误，以上三个选项的推论均与史料不符。其次再遵循"孤证不立"的原则，只有一个例子不能证明某件事实成立，要运用更多的史料对其进行甄选、辨别，再综合推断出历史事实。而C选项则是表中四则材料共同拥有的历史信息，故C项正确。

综上所述，随着2017年版新课标的出台与实施，高中生的历史学习越来越侧重学生素养与能力的培养，而史料实证是历史学科素养的基石。在高考命题中贯彻对史料实证素养的考查，要明确史料实证素养的基本构成，据此确定具体的考查目标，进而选取典型的例题，紧紧围绕目标层层展开教学设计与方法指导。在这一过程中，要着重关注学生史料实证的思维方法和思维过程，而非仅仅关注思维的结果。

参考文献

［1］中华人民共和国教育部.普通高中历史课程标准（2017年版）［M］.北京：人民教育出版社，2017.

［2］徐勤海.从四川汉画像砖图像看东汉庄园经济［J］.农业考古，2008（3）.

［3］苗颖."史料实证"素养的教学分解初探［J］.历史教学，2017（3）.

［4］梁启超.中国历史研究法［M］.北京：中华书局，2009.

［5］杜维运.史学方法论［M］.北京：北京大学出版社，2006.

用数据说话　用数学表达

——2018年高考历史"计量类"试题的考查特点与复习对策

深圳市第七高级中学　黄　凌

"计量史学是运用现代数学和相关学科的方法，定量研究历史现象和历史过程的产物，广泛运用于经济史、社会史、人口史等众多的史学研究领域。"传统的历史研究注重价值和道德评判，缺少量的分析，而计量史学通过分析数据使原本不确定的历史问题得到可靠的数据证明，从某种意义上弥补了传统史学用模糊的语言解释历史的缺陷，便于从量的角度客观地认识某种历史现象。

一、2018年高考"计量类"试题的考查特点

2018年全国各地高考"计量类"试题统计：

考查情况	呈现形式	问题设计（题眼）
2018年全国Ⅰ卷第25题	数据表格	由此可知，这一时期的藩镇……
2018年全国Ⅰ卷第35题	饼状图片	这表明……
2018年全国Ⅱ卷第33题	柱状图片	图6可以用来说明，奴隶贸易……
2018年全国Ⅲ卷第25题	数据表格	表1反映出两宋时期……
2018年全国Ⅲ卷第31题	数据表格	表2中的数据变化说明……
2018年全国Ⅲ卷第34题	数据表格	据表3可知，当时美国……
2018年海南高考第6题	数据表格	表1呈现的史实表明……
2018年江苏高考第10题	柱状图片	由此可知……
2018年江苏高考第11题	数据表格	据此可知……
2018年江苏高考第18题	文字描述	上述举措的主要意图是……
2018年江苏高考第19题	文字描述	据此可知……
2018年天津高考第11题	数据表格	其中与党的十二大相对应的一组是……

续 表

考查情况	呈现形式	问题设计（题眼）
2018年北京高考第15题	数据表格	据此表可以得出……
2018年北京高考第22题	曲线统计	下列选项能够正确反映……

根据以上统计分析可知，2018年高考历史"计量类"试题具有以下特点。

（1）材料形式多样化。计量类试题主要是通过各种统计图表考查学生处理数据的能力。一般来说，材料形式图文并茂，具有多样化的特点，既有数据表格、饼状比例图、柱状统计图、曲线统计图，也有文字描述。

（2）问题设计多样化。计量类试题的问题设计灵活多样，有的分析数据变化的原因，有的分析数据变化的规律，有的分析某个时期的阶段特征，有的分析数据背后反映的历史现象和本质等，能力要求较高，不认真审题会被历史材料所呈现的复杂数据迷惑。

（3）考查能力综合化。首先，计量类试题以数字信息材料和表格为载体，要求学生理解试题提供的图文材料和考试要求，并将数字信息转化成为历史知识和文字信息，考查学生获取和解读信息的能力。其次，计量类试题还需要学生通过图表数据进行知识的迁移和转换，运用已有知识解决新情境中的新问题，考查学生调动和运用知识的能力。最后，计量类试题往往还需要学生对不同的信息点进行分析和比较，并在此基础上进一步提炼和加工，要求学生具有较强的分析比较和概括的能力。

二、2018年高考"计量类"试题的类型与复习对策

根据以上分析，笔者把"计量类"试题分为五类：数据表格类、饼状比例类、柱状统计类、曲线统计类和文字描述类。结合2018年高考试题，分析其解题思路和复习对策。

1. 数据表格类：纵横驰骋看变化

历史表格用准确的数据反映不同历史时期某一领域的变化。由于表格类试题信息量大，对一些关键的数字信息，要注意横向比较和纵向比较。

例1：（2018年全国Ⅲ卷第35题）宋代宰相祖辈任官情况见下表。

曾祖、祖父或父亲任官情况	宰相人数	
	北宋（71）	南宋（62）
高级官员	20	8
中级官员	15	10
低级官员	12	8
无官职记录	24	36

反映出两宋时期（　　）。

A. 世家大族影响巨大　　　　B. 社会阶层流动加强

C. 宰相权力日益下降　　　　D. 科举制度功能弱化

命题分析：通过对表格的横向比较可知，"高级官员""中级官员""低级官员"比例越来越低，"无官职记录"的比例越来越高，南宋达72%以上，"世家大族影响巨大"依据不充分，故A项错误；北宋"高级官员""中级官员""低级官员"受门第影响较大，但到了南宋，祖上"无官职记录"的比例越来越高，从一个侧面反映出社会阶层流动加强，故B项正确；题干材料没有提及宰相职责、权限的变化，因此C项错误；结合所学可知，科举之"初心"带有明显的抑制士族、笼络庶族的动机，越来越多的宰相出自"庶族"表明科举制度功能并未弱化，故D项错误。

例2：（2018年全国Ⅲ卷第31题）下表是中国乡镇企业行业分布情况（单位：万个）。

年份	农业	工业	建筑业	交通运输业	商、饮、服务业
1982	29.28	74.92	5.38	9.58	17.01
1988	23.28	773.52	95.58	372.55	623.23

上表中的数据变化说明，这一时期我国（　　）。

A. 农村剩余劳动力大量转移　　　B. 城乡一体化逐步实现

C. 社会主义市场经济体制已建立　　D. 工业结构趋于合理

命题分析：乡镇企业是由农民集体或个人兴办的各类企业的总称。表中乡镇企业行业的数据大幅增长，可以吸纳大量农民就业，而农业本身的数据在下降，故A项正确；材料只是提供了乡镇企业行业分布的一些情况，不能由此判断"城乡一体化"的情况，"逐步实现"的结论与城乡一体化无关，故B项错误；21世纪初，社会主义市场经济体制初步建立，不符合时间限制，故C项错误；材料只是提供了乡镇企业行业分布的一些情况，没有提供工业企业的相关信息，因此不能判断当时我国工业结构是否合理，故D项错误。

2. 饼状比例图：阴晴圆缺看大小

饼状图主要用来显示某一历史事物的总体或内部结构的变化，能够较直观地反映各部分在总体中所占的比例。遇到单个饼状图时要注意比例之间的大小差别，遇到多个饼状图则要注意同一项目在不同图中的比例变化。

例：（2018年全国Ⅰ卷第35题）下图反映了1945—1975年间联合国成员国的变化情况，这表明（　　　）。

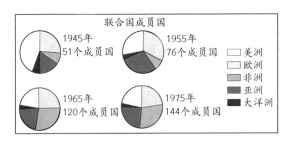

A. 第三世界发展壮大 　　　　　B. 欧共体的成员增加

C. 世界贸易范围明显扩大 　　　D. 经济区域化的趋势加强

命题分析：根据图中联合国成员数量的洲际分布变化可知，1945—1975年间，亚洲、非洲国家的数量和比例明显上升，而亚非国家多为第三世界国家，说明第三世界发展壮大，故A项正确；历史上，欧共体的成员不断增加。创始国6个（法国、联邦德国、意大利、比利时、荷兰、卢森堡），经历了多次扩大，但图8看不出欧共体成员的数量变化，故B项错误；从联合国成员国的变化情况看不出世界贸易范围的变化，同时参与世界贸易的不仅有主权国家，也有特殊地区，故C项错误；材料反映的是联合国成员变化情况，并未体现经济区域化，故D项错误。

3. 柱状统计图：上下左右看趋势

柱状图是建立在数据表格的基础上，以宽度相等而高低或长短不等的柱（条）形来反映数值大小及数量间变化关系的历史数据统计图。它既能对比地反映不同历史事物间的变化，又能整体反映某一历史事物的发展趋势或规律。在进行数据比较时，要注意数据变化的背景。

例：（2018年全国Ⅱ卷第33题）下图可以用来说明，奴隶贸易（　　）。

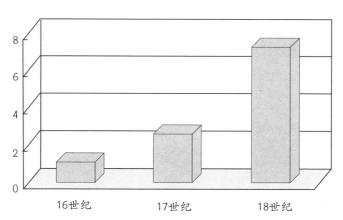

☐ 欧洲向美洲贩运的奴隶数量（单位：百万）

A．是早期资本主义扩张的手段　　　　B．促成世界殖民体系最终确立

C．导致"日不落帝国"的产生　　　　　D．因白银开采的需要达到极盛

命题分析："奴隶贸易"是资本原始积累的方式之一，也是早期资本主义扩张的手段。由材料可知，16至18世纪，欧洲通过向美洲贩运大量的奴隶完成了资本的原始积累，黑奴贸易成为早期资本主义扩张的手段，故A项正确；19世纪末20世纪初，伴随资本主义世界市场的最终形成，世界殖民体系最终确立，与表格时间不符，故B项错误；新航路开辟以后，西班牙、法国、荷兰、英国等西欧国家纷纷参与殖民争夺，而"日不落帝国"是18世纪后期的英国，英国成为日不落帝国的原因并不只是奴隶贸易，故C项错误；黑奴贸易是为了弥补美洲劳动力的不足，而不是因为开采白银的需要，故D项错误。

4. 曲线统计图：边边角角看拐点

曲线图是利用曲线的升降起伏变化来反映历史事物在不同时期的发展水平及发展规律的统计图，能直观地反映历史发展轨迹和基本趋势。解答此类曲线图形试题时，要注意从不同时间段内曲线的升降变化分析其中所包含的信息，尤其要注意曲线的拐点。此类试题在近年全国卷试题中暂时未出现。

例：（2018年北京高考第22题）读下图，下列选项能够正确反映美国政府财政盈亏及其原因的是（　　）。

1948—1968年美国政府财政盈亏示意图（单位：10亿美元）

A."马歇尔计划"从欧洲吸引援助使美国财政盈余

B.古巴导弹危机的紧张局势给美国财政造成赤字

C.美国人首次登上月球，给美国财政带来了盈余

D.美国深陷越南战争的泥潭，给政府造成了赤字

命题分析：马歇尔计划是援助欧洲，同时将欧洲作为其市场，促进了美国经济发展，故A项错误；古巴导弹危机最终是苏联从古巴撤出导弹，美国占据上风，并未对其经济造成损害，故B项错误；美国人首次登上月球属于美国在太空领域的科技成就，但是并未给美国带来经济效益，故C项错误；1955年美国发动侵越战争，结果持续到1975年，使美国陷入战争泥潭，导致美国财政赤字严重，故D项正确。

5. 文字描述类：细枝末节看阶段

计量类试题主要是通过各种统计图表考查学生处理数据的能力，试题的表现形式非常多，既有表格、饼状图、柱状图、曲线图，也有文字描述。但是无论是何种类型，都是通过数字或数字的变化来反映历史事实和历史现象的。解题时要把握"四注意"：①注意围绕数据而展开的描述性语言；②注意时间变化与数据变化的关系；③注意分析数据变化的特征；④注意分析数据变化的原因。

例：（2018年江苏高考第19题）20世纪60年代末，在世界贸易总额中，西欧国家仅欧共体六国所占比例就超过39%，美国同期从1957年的20.9%下降到15.1%。在世界工业生产中，1951—1970年，西欧所占比例由20.8%升至28.6%，美国同期则由48.6%降至37.8%。据此可知，西欧经济的发展（　　）。

A.促进了布雷顿森林体系的建立　　B.强化了欧洲为主导的世界格局

C. 缓和了西欧国家与美国的矛盾　　　D. 推动了世界格局向多极化演进

命题分析：1945年，根据《布雷顿森林协定》，国际货币基金组织和国际复兴开发银行成立，标志着一个以美元为中心的世界货币体系业已形成，这就是布雷顿森林体系，与材料中"20世纪60年代末"不符，故A项错误；二战后，西欧衰落，美苏两极格局取代了长期以来以欧洲为中心的世界政治格局，世界经济格局以美国为主导而非欧洲，故B项错误；材料中"1951—1970年，西欧所占比例由20.8%升至28.6%"，随着经济实力的增强，西欧国家开始摆脱美国的控制，推行独立自主的外交政策，并不是缓和矛盾，故C项错误；1967年欧共体成立后，欧共体国家在一系列重大国际问题上采取了共同政策，对外尽量"用一个声音说话"，进一步加强了政治上的联合，推动了世界格局向多极化发展，故D项正确。

综合以上试题分析，无论是哪一种类型的计量类试题都是用数据说话、用数学表达，通过定量和定性分析的研究方法分析某一历史现象的变化过程和原因。这就要求教师要教给学生观察数据变化、获取有效信息的方法，比如认真审读数据和图表；重点关注图表的标题、图注和数据的变化等。同时，教师还需要引导学生把数字信息转化为文字信息，把感性直观表象转化为理性的思维概括，变静态观察为动态分析，并从各种数据的动态变化中探寻历史现象和历史发展变化的规律性内容，即抓住历史深层次的本质问题。以上是笔者在高三历史备考实践中的一点探索和感悟，希望能对广大考生起到抛砖引玉的作用。

（注：原文已发表于《中学历史教学》，2018年第8期）

着眼核心素养　提高概括能力

——以全国卷材料解析题为例

深圳市第七高级中学　黄 凌

概括能力是高考历史主观题（含材料解析题、开放性试题和综合题）考查中最基本、最重要的能力。据统计，2016年全国卷三套试题中"概括"设问的作答指令动词出现13次，2017年全国卷三套试题中"概括"设问的作答指令动词出现8次，2018年全国卷三套试题中"概括（述）"设问的作答指令动词出现8次。特别是近两年，随着高考历史试题难度的下降，概括能力的重要性愈加明显。那么，在高三历史教学中如何具体地培养学生的概括能力呢？笔者试以近几年全国卷材料解析题为例，谈谈自己的一孔之见。

一、找主语，提取句子主干

主语是句子中的陈述对象，常常由名词、代词或名词性短语充当。主语可以分析概括作者在文中的观点态度，也可以作为解读材料信息、提取句子主干的重要方法。

例：（2015年全国Ⅱ卷第48题）概括光绪帝为推行变法所采取的主要措施。

命题分析：从设问限制词可知，整个材料的主语是"光绪帝"；从材料"光绪帝读康有为的上书深受启发，遂于1895年至1897年间屡颁改革性质的法令"可知，光绪帝重视和采纳维新派的改革建议；从"光绪帝……仍如期召见康有为，商讨变法事宜"可知，光绪帝重用康有为等维新派人士；从"光绪下令将阻止变法的礼部尚书怀塔布等6人革职，后又把阻挠变法的李鸿章逐出总理衙门"可知，光绪帝抵制顽固势力的阻挠。

二、抓关键，合并同类词语

这里的"关键"指的是历史材料中的关键词语、核心句子。所谓核心句子指的是中心句、总结句、结论句、转折句等，其形式和方法类似语文的阅读。具体做法是先对材料进行合理分层，然后划出关键词语、核心句子，最后结合相关的历史事实或历史概念提炼层意，合并同类项。

例：（2016年全国Ⅱ卷第45题）指出与八旗军相比，新军具有哪些特点。

命题分析：第一步，把材料分层：①八旗军是清朝的正规军队，八旗将士领取饷银；②甲午战败后，袁世凯组织新建陆军，张之洞组建自强军，皆采西法；③1901年，清政府改建兵制，取消旧式武举，创办武备学堂，编练新军，操习新式枪炮；④1903年，设练兵处为全国招募和训练新军的中央机构；⑤1904年决定改建整个兵制，拟建新军36镇，为常备军，服役期3年；⑥在自愿基础上征募士兵，并有严格的资格限制；⑦1906年，兵部与练兵处合并为陆军部，后来又建立海军部；⑧陆海军均由满人官员掌控，皇帝是最高统帅；⑨随着革命形势的发展，革命党在新军中的组织迅速扩大。

第二步，摘选关键词，概括层意。以设问"新军具有哪些特点"为指向，摘选第②~⑥的关键词：②各建新军，皆采西法；③改兵制，办学堂，习枪炮；④设练兵处；⑤改兵制，建常备军；⑥自愿征兵；⑦建陆海军部。

第三步，结合相关的历史事实或历史概念合并同类项。第②项"皆采西法"一语提纲挈领，可作为单独项；第③⑤均为"改兵制"项，可合并为一类；第④⑦均为"中央机构"项，合并为一类；第⑥"自愿征兵"无同类项，单独成立。

三、看两头，关注开头结尾

在概括历史材料时，应抓住材料的论点，特别是中心论点。材料中心论点的提出一般有三种情况：一是在材料的开头提出中心论点，开宗明义；二是中心论点在材料的中间提出，承上启下；三是卒彰显志，在材料的结尾处提出中心论点。我们在阅读材料和获取信息时，需要关注材料的开端和结尾，并且注意材料中承上启下的内容。

例：（2011年全国卷第41题）评材料中关于西方崛起的观点（要求：围绕

材料中的一种或两种观点展开评论，观点明确，史论结合）。

命题分析：依据第一段和第二段材料的开头和结尾，可以分别概括出材料中的基本观点。观点1：近代欧洲崛起是欧洲文明自身发展的结果（欧洲中心论）；观点2：近代欧洲崛起是其他地区文明影响的结果（反欧洲中心论）。

四、变句式，保持主体一致

改变材料中一句话的前后顺序或者句式，但是基本意思保持不变。

例：（2013年全国Ⅱ卷第40题）说明爱因斯坦热兴起的原因。

命题分析：材料中"1919年，英国科学家爱丁顿对日全食的观测结果证实了爱因斯坦的理论，引起巨大轰动，世界范围的爱因斯坦热接踵而至"。这句话可以利用被动句和主动句互换的方式，变换成"爱因斯坦的理论被英国科学家爱丁顿的观测结果证实"，使材料前后意思表述一致，从而完成材料的概括。

五、换词语，替换同义词语

概括不仅仅是信息的筛选、整合，还需要语言的转换能力。那么，在解读材料和提取信息的过程中如何进行语言转换呢？这就要求学生能够把原文的意思用学科语言表述出来。一般来说，对这种转换能力有三个方面的具体要求，即对具体的内容能加以概括；对抽象的内容能加以阐发，使之具体化；对含蓄的语句能加以解释。简单易行的方法就是把材料中的关键词语替换为同义词或近义词。

例：（2017年全国Ⅱ卷第45题）概括清末北京街道管理改革的原因。

命题分析：根据材料"很多部门负责管理北京的街道与沟渠、河道……但'究其实，无一人过问'"得出政出多门，互相推诿（"很多部门负责"同义替换为"政出多门"）；由"粪土载道，秽污山积""洋人目之为猪圈，外省比之为厕屋"得出城市宜居性差，影响城市形象（"粪土载道，秽污山积"同义替换为"宜居性差"）；由"清政府每年出资修缮，并向商民收取巨款，但款项皆被官员私吞"得出日常维护不力，经费被官吏贪污（"私吞"同义替换为"贪污"）。

六、挖本质，注重抽象概括

好的概括应当使用抽象的词汇，应当用精短、恰当，具有一定内涵包容性的表述，言简意赅、提纲挈领地再现历史现象的独有特征。它不需要面面俱到地表现全部细节，也不需要惟妙惟肖地描绘具体形象，而是需要对具有同一类别特征和本质内涵的历史现象，用特定的概念性术语予以浓缩和提炼。

例：（2016年全国Ⅰ卷第45题）概括唐太宗时谱牒改革的内容。

命题分析：根据材料"下令修撰全国总谱《氏族志》（具体描述）"，可得出朝廷主持修撰全国总谱（抽象概括）；根据材料"不限地域，不分民族渊源（具体描述）"，可得出扩大入选范围（抽象概括）；根据材料"不作为任用官员的依据（反面陈述）"，可得出否定谱牒在选任官员中的作用（正面陈述）；根据材料"皇族被列为第一，外戚次之，清河崔氏只排到第三等（具体描述）"，可得出建立新的门第标准（抽象概括）。

七、重推理，运用正逆思维

推理是从已知的前提推出新的结论。逆向推理又称目标驱动推理，它的推理方式和正向推理正好相反，是由结论出发，逐级验证该结论的正确性，直至已知条件。

例：（2016年全国Ⅰ卷第40题）概括近代学者缓解人口压力的主张，并加以简要评价。

命题分析：根据材料二，新中国建立前，有人认为"人口增加是无止息的，食料的增加是越来越困难的，即使我们能开垦荒地、改良农业、增加生长，总是赶不上人口增加的快"。这里的"即使"是连词，表示假设的让步，以进一步证实或者加强主句的意思。通过逆向推理可知，当时有人认为"开垦荒地、改良农业、增加生长"可以缓解人口压力。

八、善比较，注意前后对照

进行比较不能只是将相比的事物加以现象罗列，而是要透过现象探寻史实之间的同中之异和异中之同。那么，在材料解析题中如何运用比较的方法呢？一般说来，根据设问要求对上下文和前后文对照比较不失为一种基本的方法。

例1：（2018年全国Ⅲ卷第41题）概述上海和曼彻斯特发展成为近代大都市的相同因素。

命题分析：根据材料一上海"依港兴市"，材料二曼彻斯特"开通世界最早的现代化铁路"，可得出两者都有便捷的交通（上下文比较）；根据材料一上海"发展成港口与商业中心""形成了沪东、沪西、沪南等工业区"，材料二曼彻斯特"逐渐发展成为工商业城市"，可得出两者都有工商业的发展（上下文比较）；根据材料一"民族资本参与上海发展"，材料二工业革命推动了曼彻斯特的发展，可得出两者都有工业化的推动（上下文比较）。

例2：（2013年全国Ⅰ卷第40题）概括指出我国古代海洋利用的特点。

命题分析：根据材料中齐国"边海"的地理条件、汉代"海上丝绸之路"和明朝前期"郑和下西洋"等信息，通过前后文对照，可以提炼出"从沿海利用到远洋开拓"（前后文对照）。

九、多整合，抓住核心主旨

整合即把材料中数条信息整合为一条，形成一个整体的事件；再把事件共有的特征、共有的属性都抽取出来，并对与其不同的、不能反映其本质的内容进行舍弃；然后在对材料各部分、各层次分析理解的基础上整体提取的过程，也就是对材料主旨的总体"提升"。

例：（2015年全国Ⅱ卷第45题）概括指出清政府建立养廉银制度的原因。

命题分析：从材料中"清代前期，正一品文官年薪俸银180两，正七品知县45两，正九品官员33两。这些银两除养家糊口外，还要支付随从、幕僚的酬金及办公费用，普遍入不敷出"，可知官员薪俸偏低、地方办公经费不足；从"各级官员在征收田赋等税收时，以各种名义额外加征。这些税外之税，小部分作为各级衙门的办公经费，大部分被各级官员据为己有"，可知各种税外之税繁多、官员贪腐现象普遍。题目以雍正帝推行的养廉银制度为切入点，鼓励学生客观地、历史地看待清政府的养廉银制度，加深学生对清代吏治不修的认识。

解答该题时，可能很多考生会摘录"正一品文官年薪俸银180两，正七品知县45两，正九品官员33两，不够养家糊口"，这是定量表达，并没有对材料中不能反映其本质的内容进行舍弃，而答案"官员薪俸入不敷出"或"官员薪俸偏低"才是定性表达，即对事件共有的特征、共有的属性都抽取出来。应该注意的是，概括很少使用定量的描绘，更多的是进行定性的判断，像"增加/减少""变大/变小""变多/变少"等趋势性表述就是具有一定概括力的定性判断；至于增减、变化的具体数额，则是不具有抽象意义的定量描绘。

　　概括是思维的基础，从教学实践来看，学习和知识运用的过程离不开概括。没有概括，学生就不能准确掌握知识、运用知识；没有概括，就难以形成概念；没有概括，学生的知识结构就无法形成。从近几年全国卷的主观题来看，所有的材料解析题全都用"概括"说事儿，大概是史上最具"概括力"的。那么，在高三复习过程中如何培养学生的概括力呢？笔者认为，"大道至简，水到渠成"。武术高手在搏击时总是一招制敌，击中要害。所以，培养学生概括力最好的方法是"向答案学习"，经常模仿、内化，自然融会贯通。

利用海南卷进行全国卷高考备考的作用分析

深圳市龙岗区华中师大龙岗附中　秦耕耘

在过去的全国卷高考备考中，海南卷试题一直是我校常用的辅助资料之一，但并没有进行针对性的深入研究。在相关杂志和刊物中，专门分析海南卷的文章并不多，因此对于海南卷没有足够的重视。直到2016年全国Ⅰ卷第32题的出现，使我们对海南卷的重要性有了新的认识。这道题目考查罗马法的影响，与2015年海南卷第9题有很多相似之处：

例1：（2015年海南卷第9题）有学者指出，罗马帝国虽然衰亡了，但它却把文明留给了欧洲。这一说法的主要依据是，古罗马（　　　）。

A. 开创了西方人文思想的先河　　　B. 进行了民主政治的最早尝试

C. 奠定了西方法律传统的基础　　　D. 提供了治理大国的成功经验

例2：（2016年全国Ⅰ卷第32题）德国文学家歌德说，罗马法"如同一只潜入水下的鸭子，虽然一次次将自己隐藏于波光水影之下，但却从来没有消失，而且总是一次次抖擞精神地重新出现"。对此的正确理解应是，罗马法（　　　）。

A. 是近代欧洲大陆国家法律的基础　B. 为欧洲近代社会确立了行为规范

C. 所维护的民主制度历史影响深远　D. 不断地改变了欧洲历史发展方向

其正选项都是关于罗马法对近代欧洲国家的影响，干扰项也都有罗马法与民主政治（制度）的关系，相似度很高。我们也在反思，如果平时在备考中能对2015年这套海南卷进行仔细研究，2016年的这道高考题就不难得出答案。

类似这样的题目还有很多，全国卷（文综历史）和海南卷（历史）在试题类型、特点与质量上有着很多相似或相同之处。这是因为两者"出身"相同，都由国家考试中心命制。海南省是高中课程改革首批实验区之一，从2007年开始实行全省统一考试自主命题。虽然海南卷（历史）是自主命题，但也是委托国家考试中心命制，和全国卷的命题队伍是相同的。因此，我们可以充分利用海南卷与全国卷的相似之处，为全国卷备考服务。同时，海南卷也有一些不同于全国卷的特点，但这些特点也反映了全国卷命题的思路，同样能够指导高考备考，值得我们重视。

一、全国卷与海南卷命题特点的对比

通过下列表格的对比可知，全国卷和海南卷在命题依据、命题立意和考查目标上都是基本相同的，只是海南卷有单独使用的《考试说明》，但两者对考试内容要求的差别并不大。以2017年为例，全国卷和海南卷的《考试说明》在"考试范围与要求"这项内容上，除了选考内容有细微的差别外，其他内容是基本一致的。

	全国卷	海南卷
命题依据	普通高等学校招生全国统一考试大纲及大纲的说明（海南卷有单独的考试说明）	
命题立意	立德树人、弘扬社会主义核心价值观、弘扬中华优秀传统文化、依法治国等	
考查目标	学科基础知识、学科素养、运用唯物史观的能力	
考查方向	主要考查主干知识	主要考查主干知识，一些试题直接考查基础知识，突出基础性
试题类型	选择题+必考题（综合题和小论文题）+选考题	选择题+必考题（3个材料题）+选考题
材料题特点	综合题强调古今中外对比，还设置了开放性试题	以单个材料的小专题型材料题为主

二、全国卷与海南卷考查内容与结构的对比

在选择题考查内容的分布上，以近三年（2014—2016）全国Ⅰ卷与海南卷的对比为例，两者都强调对中国史的考查，古代史所占的分量也都很重。全国Ⅰ卷选择题非常稳定，在12个选择题中，古代史（包括中古史和世古史）占5个，中国史占8个。在海南卷25个选择题中，古代史一般是9~10个，中国史一般是16~17个。

在材料题方面，全国卷强调对新材料、新情境、新问题的运用，注重对阅读、分析和解决问题能力的考查，关注社会热点，从历史角度考查现实问题，

体现历史的学科价值。这些特点在海南卷中也同样具备，海南卷中的许多材料和考查角度也经常被全国卷借鉴。比如2014年海南卷第26题"清代前期的垦荒政策"，与2016年全国Ⅰ卷第40题"清朝中期的人口膨胀问题"，二者有很多相似之处。在2016年全国Ⅰ卷第40题中，清代前期的垦荒政策是作为清代中期人口膨胀的背景出现的，所以两者在材料和答案上有很多相似点。只不过相比较而言，全国卷更加注重古今贯通，题目分值更大，考查更加深入。

此外，从考查内容的范围对比来看，海南卷考查的范围更广，涉及的知识点更多，而全国卷考查的知识点相对集中。有一些近年来比较少涉及的知识点在海南卷中却经常出现，例如十月革命、解放战争、二战后资本主义经济政策的调整、多极化趋势的出现和加强、宗教改革、新文化运动等。但这些题目经过改造，将来也有可能出现在全国卷中。比如，2015年海南卷选择题第10题，考查1500—1800年间新航路开辟后欧洲人对美洲的征服和移民造成的人口结构变化，这一考查角度被改编到2016年全国Ⅱ卷第40题中。

三、全国卷与海南卷设问和解题方式的对比

在选择题中，全国卷与海南卷中最常见的就是本质型题目，其设问动词有说明、反映、表明、体现等。另外，通过下列表格的对比我们可以看出，全国卷与海南卷在选项的设计与用语习惯等方面也是相似的。因此，通过对海南卷题目的练习，可以达到与练习全国卷题目类似的效果，同时还能有效防止错误的重复。比如，2014年海南卷第5题考查科举制，D选项是选官重视思想品德，这是一个错误选项。如果平时训练到位，那么在2016年全国Ⅱ卷第25题中同样可以排除B项。

全国卷与海南卷选择题选项的用语习惯对比

全国卷	海南卷
（2015·Ⅰ·25）B."家天下"观念根深蒂固	（2016·3）B."家天下"观念的政治影响
（2016·Ⅱ·25）B.（科举制）鉴别官员道德水平	（2014·5）D.（科举制）选官重视思想品德
（2014·Ⅰ·25）A.皇帝的好恶决定宗教兴亡	（2016·7）B.历代皇帝的好恶决定着崇拜关羽的取向

在材料题方面，全国卷常用的设问动词有概括、分析、说明、指出、列

举等，答案的类型主要包括背景、原因、特点、内容、影响、意义等。海南卷与之基本相同，但题目和答案设计都更简练，因此"简评""简析"等设问居多，也没有"启示""认识"等较为开放的答案类型。因此，从两者对比的结果看，我们可以把海南卷材料题看作是简化版的全国卷材料题。

四、全国卷与海南卷难度系数的对比

根据教育部考试中心出版的《高考文科试题分析（2016年版）》，我们可以对比2015年两卷试题的难度系数。如果以难度系数低于0.4为难题、位于0.4～0.7为中等题、高于0.7是简单题的话，2015年全国Ⅰ卷选择题有难题3个、中等题6个、简单题3个，材料题中的必考题（40、41题）都是难题。2015年海南卷选择题有难题10个、中等题11个、简单题4个，材料题大都在0.3～0.5之间。两卷都是中等题居多，不过海南卷在一难一易两头上差距拉得更大。2015年全国Ⅰ卷难度最高和最低题目的难度系数分别是0.174和0.798。2015年海南卷难度最高和最低题目的难度系数分别是0.105和0.844。

虽然用于计算两卷难度系数的样本并不相同，两种数据难以直接对比，但从中仍可以看出，海南卷的难度系数设计更加开放。一方面，海南卷"根据海南省考生的实际情况，试卷十分注重对基础知识和主干知识的考查，大部分试题的知识内容涉及主干知识，一些试题直接考查基础知识"，所以有部分题目的难度相对较低；另一方面，由于难度系数更加开放，一些能够反映全国卷命题专家思路的难题也放在了海南卷中。

五、利用海南卷进行全国卷高考备考的建议

刘芃教授曾说："与其大量做题，不如抽出时间认真研究往年的试题，往年的试题是精雕细磨的产物，它反映了对考试内容的深思熟虑，对设问和答案的准确拿捏，对学生水平的客观判断。研究这些试题，就如同和试题的制作者对话。"对于参加全国卷考试的地区来说，全国卷往年真题就是最好的复习备考资料。除此之外，最有价值的就是海南卷历年试题。基于对海南卷的认识和研究，主要有以下一些方法。

1. 查漏补缺，构建知识体系

在基础知识复习阶段，一些全国卷的低频考点缺乏真题训练，我们一般

利用海南卷试题查漏补缺；对于一些全国卷高频考点，我们也利用海南卷试题多角度思考，使知识体系更加完善。比如"英国君主立宪制的确立与发展"这个考点，全国卷分别从"议会为光荣革命披上合法的外衣""国王保留某些名义权力""君主立宪制尚未完善"的角度来考查，而海南卷的试题则从"内阁集体责任制基本形成""宪政制度确立"等角度考查。通过对它们的整合和梳理，我们可以对英国君主立宪制这个考点形成较为完整和系统的认识。

2. 巩固知识，训练解题技巧

由于全国卷往年真题数量有限，且在高中阶段反复练习，到复习阶段后期尤其缺乏高质量的练习。海南卷有着多年的试题数量积累，可以为课后巩固以及训练解题技巧服务。对于基础好的学生，我们可以挑选海南卷中的难题加以练习，将全国卷中的解题技巧学以致用，并巩固强化；对于基础薄弱的学生，海南卷中也有不少容易的题目，可供基础知识的巩固训练。另外，海南卷中的材料题相对简易，在复习备考的初始阶段可以帮助大家循序渐进、逐步掌握全国卷的解题方法。

3. 对比分析，把握全国卷命题趋势

有一些海南卷常考而全国卷暂时没有考过的考点和考查角度应当引起我们的重视，它反映了命题专家的思路，一旦有适当的时机便可能出现在全国卷中。因此，对海南卷的研究有利于把握全国卷的命题趋势。比如，2011年海南卷第28题要求概括卢梭人民主权思想的主要内容，2013年海南卷第32题考查人们对卢梭的不同评价，2014年海南卷第11题考查卢梭与洛克观点的不同。此前，启蒙运动在全国卷中很少涉及，但2016年全国Ⅰ卷第41题就用到了卢梭提倡人民主权、反对代议制的材料。海南卷中的反复考查已经预示了这个考点的考查趋势。

参考文献

［1］教育部考试中心.高考文科试题分（2016年版）［M］.北京：高等教育出版社，2015.

［2］刘芃.刘芃考试文集［M］.北京：人民教育出版社，2012.

新课标、新课程、新高考背景下的高考卷研究

——以2018年高考全国Ⅰ卷历史题为对象的研究

横岗高级中学　刘　凡

一、2018年高考的新背景

党的十九大明确提出："要全面贯彻党的教育方针，落实立德树人的根本任务，发展素质教育，推进教育公平，培养德智体美全面发展的社会主义建设者和接班人。"高考既是国家选拔人才的考试，也是体现教育公平的方式，更是国家意志在教育领域的体现。2017年国家教育部颁布制定了新版的课程标准，新课标提出深入贯彻党的十八大、十九大精神，全面贯彻党的教育方针，同时新增加了各学科的核心素养与学业质量水平标准。2018年的高考是十九大教育方针和新课标提出后的第一个高考，直接反映了国家意志对于高考走向的要求，是未来几年高考的新坐标。因此，对于历史学科2018年高考的研究是当前高三复习备考的必要内容和入门之径。

二、2018年高考全国Ⅰ卷历史题分析

（一）选择题分析

历史选择题是高考最固定的题型，是高考内容的重要载体，与考纲和教材对应关系明确，是高考中比较好把握的题型。以下重点对高考历史选择题所考查的知识点、设问方式、试题载体与核心素养进行分析与研究。

1. 2018年高考全国Ⅰ卷历史选择题考点分布表

模块	一级考点数	二级考点数	2018年高考命中一级点	2018年高考命中二级点
古代中国	4	4+4+4+4	古代中国政治、经济、思想、科技占比100%	春秋战国时期的百家争鸣（墨家）、汉到元政治制度的演变（唐藩镇割据）、手工业的发展（北宋民营手工业）、商业的发展（明代朝贡贸易）占比25%
古代西方	2	2+1	西方人文精神的起源占比50%	雅典民主政治占比66%
近代世界	5	2+3+3+2+3	新航路的开辟、殖民扩张与资本主义世界市场的形成和发展；科学社会主义理论的诞生和国际工人运动占比40%	工业革命（背景因素）对《共产党宣言》中阶级斗争的理解占比15%
近代中国	3	5+2+3	近代中国的民主革命、思想解放潮流占比66%	1840至1900年间列强侵略与中国人民的反抗斗争（甲午战争中清政府的腐败无能）；马克思主义在中国的传播占比20%
现代世界	6	4+3+3+3+2+4	第二次世界大战后世界政治格局的演变占比17%	多极化趋势在曲折中发展（第三世界、欧共体）；世界经济区域集团化占比11%
现代中国	6	5+5+4+3+4+3	现代中国的对外关系、中国特色社会主义建设的道路占比33%	新中国建立初期的重大外交活动与和平共处五项原则（独立自主的外交政策）；20世纪50年代至70年代，探索社会主义建设道路的实践（一五计划）占比8%

从选择题考点的覆盖情况来看，2018年考试大纲必考部分中一级考点26个，占比46%；二级考点85个，占比27%。中国的古代考查中高度重合在战国、唐、宋、明四个阶段，与上一年度对比依然保留了史学素养的考查。

2. 2018年高考全国Ⅰ卷历史选择题的设问方式

使用频率最高的设问方式分别是"这反映出（了）"（5次）、"据此可知"（3次）、"这表明"（2次）、"这一变化说明了"（1次）、直接提问主体（1次）。设问方式的差别对于学生解题有直接的影响。如果设问中有指定时间的，利用时代背景判别选项的表述；如果设问中有指定主体的，将主体和选项进行吻合，选项描述不符合主体的排除；如果设问中没有指定主体的，首先找到题干中的主体，利用主体一致的原则排除选项。设问方式的不同是对不同能力与素养的考查："反映"类考查的是历史理解、知识迁移的能力；"据此可知"考查的是史料实证、获取历史信息与史料鉴别的能力；"表明"类多带图表，考查读图能力。

3. 2018年高考全国Ⅰ卷历史选择题的试题载体

试题载体的类型除了常规的文字材料以外，还有表格、图片、漫画、数据图表四种不同形式的载体，是获取历史信息不可或缺的材料。漫画、图片题的关键是提取有效信息；数据图表类的题目要做到四看：一看图表名称，二看图例说明，三看数据多少，四看数据趋势。非文字题的文字信息少，但是更关键，尤其要结合时代背景理解图表。纯文字材料题全部都有引号，引用的部分一定要特别留意，是获取信息的关键所在。

4. 2018年高考全国Ⅰ卷历史选择题所考查的核心素养

历史学科的核心素养包括唯物史观、时空观念、史料实证、历史解释和家国情怀五个方面。五个核心素养虽各有侧重，但有机统一，融合在不同的考题中。唯物史观作为一种历史观和方法论，统率一切历史学习和考题；时空观念是一种思维方式，时时都有考查；史料实证和历史解释是一种态度和方法；家国情怀是一种人文追求。显而易见，2017版课标的核心素养和学业质量已经影响着全国卷的考查方式与方向，下表是笔者统计的五个核心素养在24道选择题中各有侧重的体现。

核心素养	题号	典型题例	此类问题解题思路
时空观念	25、26、27、28、29、30、31、33、35	31	利用阶段特征甄别选项
史料实证	25、27、29、31、32、34、35	25	辨别史料的价值与意图，最大限度获取信息
历史解释	24、26、27、28、29、30、31、32、33、35	28	透过现象看本质

续 表

核心素养	题号	典型题例	此类问题解题思路
唯物史观	24、33、35	33	紧扣唯物史观的基本观点
家国情怀	30、31、32	32	联系现实的人文情怀和正确的价值观念

（1）历史解释类。历史叙述的本质是历史解释，它既是态度、能力，也是方法。可以说，所有的历史都是历史解释。高考就是考历史解释，无论什么题型和什么样的知识点都是对历史解释的考查，只是通过不同的史料或情境为载体来呈现。2018年全国Ⅰ卷选择题中83%明显考查了历史解释，这其中最能体现"透过现象看本质"这一历史解释内核的是第28题："甲午战争时期，日本制定舆论宣传策略，把中国和日本分别'包装'成野蛮与文明的代表，并运用公关手段让许多欧美舆论倒向日方。一些西方媒体甚至宣称，清政府战败'将意味着数百万人从愚蒙、专制和独裁中得到解放'。对此，清政府却无所作为。"这道题目描述的历史现象需要学生揭示其表象背后深层的含义，通过历史解释不断接近历史真实。此题考查的是历史解释的内涵，区分史实与解释，知道对同一历史事物会有不同解释，能对各种历史解释加以辨析和价值判断，能够分辨不同的历史解释，尝试从来源、性质和目的等多方面说明导致这些不同解释的原因并加以评析。

（2）时空观念类。任何历史事物都是在特定的、具体的时间和空间条件下发生的，因此对时空观念的考查蕴含在所有的历史考题中。2018年全国Ⅰ卷选择题中75%的题目明确包含了"时间条件"，其中5个题目是历史时期，4个题目是具体的年代时间。以第31题最为典型："图7是1953年的一幅漫画，描绘了资源勘探队员来到深山，手持'邀请函'叩响山洞大门的情景。"题干中明确提示时间是"1953年"，设问中提到"反映了当时我国"，结合图片信息将1953年新中国初期社会主义建设的阶段特征与选项进行比对即可得出答案。此题对于时空观念的考查在于考查特定的史实是与特定的时间相联系的，而在学业质量水平方面将历史问题置于具体的时空框架之下。

（3）史料实证类。史料实证是研究历史最基本、最重要的态度和方法，是历史学成为科学的关键所在。胡适先生说："有一分史料说一分话。"史料实证围绕着史料的搜集、整理和辨析展开，强调去伪存真、论从史出、史论结合。2018年全国Ⅰ卷选择题中58%的题目明确带有史料，选择题第25题更是典型的对史料实证的考查。这种以史料为载体推断史实的考题从2017年定型以后，固定出现在全国三套卷中，一般是在中国古代史部分。2018年全国Ⅰ卷第25题："通过'安史之乱'后百余年间唐朝藩镇的基本情况表，要求推断这一时期的藩镇情况。"此题考查的是能够从史料中提取有效信息作为历史叙述的可靠证据，并能够以实证精神对待历史问题，但在学业质量水平方面仅能够从所获得的史料中提取有关的信息。

（4）唯物史观类。唯物史观是统领历史学习的科学的历史观和方法论，是认识和解释历史以及现实问题的指导思想。作为一种历史观，很难单独考查，往往通过历史学习和考题渗透其中。2018年全国Ⅰ卷选择题中就体现了唯物史观的基本观点：第24题中《墨子》包含了劳动人民的智慧结晶，体现的是"人民群众在社会发展中的重要作用"；第33题对马克思主义理论的考查，实际上是对"人类社会形态从低级到高级发展"的认识；第35题中联合国亚非美洲成员国增多反映的是第三世界的发展壮大，是对"经济基础决定上层建筑"的考查。

（5）家国情怀类。家国情怀既是对家国的认同感、归属感、责任感和使命感，更是要求具有国际视野，以构建人类命运共同体为目标的人文追求，是立足中国、放眼世界，更是以人为本、关注现实。十八大以来，高考题中不仅有对国家观、民族观和文化观以及中华文明历史价值与现实意义的考查，更是集中体现"四个自信"和对学生三观的考查。2018年高考全国Ⅰ卷选择题第32题借由古代雅典的梭伦的诗歌："作恶的人每每致富，而好人往往贫穷。但是，我们不愿意把我们的道德和他们的财富交换，因为道德是永远存在的，而财富每天在更换主人。"反映现实贫富和道德失衡的问题，也呼吁学生注重人文精神，充分彰显了历史学应有的价值关怀、人文情怀，并关注现实问题。

（二）非选择题分析

1.常规材料题分析

历史常规材料题一般是第41题，或者第40题，我们一般称这道题为"古今中外"大贯穿。此题大多围绕一个主题，选取古代或近现代中国的不同时期进行阐述，或者选取中国和外国的不同情况进行展示。最近5年高考历史常规材料题所考查的主题和形式小结如下表。

年份与试卷	题号	主题	材料形式	设问与分值
2018年全国Ⅰ卷	41	中国基层社会治理（纵向）	有题引和古、近、现三段	12+9+4
2018年全国Ⅱ卷	41	中美大豆种植（横向）	一个来源材料有两段	12+8+5
2018年全国Ⅲ卷	41	上海与曼彻斯特城市发展史	两段材料	9+10+6
2017年全国Ⅰ卷	41	中法民族主义	两段材料	8+17
2016年全国Ⅰ卷	40	清朝到近代的人口问题	两段材料	12+13
2015年全国Ⅰ卷	40	中国历史上对儒学的态度	两段材料	10+8+7
2014年全国Ⅰ卷	40	中西（牛顿、宋应星）科技比较	两段材料	15+10

从近5年考查的主题来看，依然是古今中外联系，且一年一变，比较规律。所选择的主题都是和热点密切相关的问题，比如村民自治的20周年纪念、中美贸易战背景下的中美大豆种植问题等。关注的是社会现实和与国家发展紧密相关的问题，如基层社会治理、城市建设与发展、民族主义、人口问题、对待传统文化的观点等，充分体现了对家国情怀这一历史素养的考查。

从材料来看，2018年全国Ⅰ卷第41题首次出现题引，提示本题所考查的主题："中国基层社会治理，目的是展现中华人民共和国村民自治制度建设20周年的伟大创造性意义，是对社会主义先进文化和中国特色社会主义道路的一种宣扬。"题引虽然于解题作用不大，但是有助于我们发现命题的"蛛丝马迹"。高考历史题的材料往往根据专题史论著改编。由于是改编，免不了引用和省略部分内容，因此读材料题的时候引号内以及省略号需要特别注意。

从设问与分值来看，虽然往年出现过三个小题的，但是比较少见。而2018年，全国三套卷的历史常规材料题均为3个小题，以后延续的可能性比较大。在定向方面，三个小题都是要求"根据材料并结合所学知识"，定向统一；在定法方面，有"概括""说明""简述"；在求答词方面，有"变化""积极作用""历史背景"和"意义"，是非常经典的历史问题。

从考查的能力与素养来看，历史的材料题相比选择题，不仅能够考查学生最大限度地获取有效信息、调动和运用知识的能力，更多的是要求学生描述和阐释事物的能力。也就是不仅要注重"输入"，更要注重"输出"，即能把自己获取和理解的知识表达出来。这种"输出"需要唯物史观、时空观念和家国情怀的支撑，需要史料实证的态度，但是本质上还是一种历史解释。

从2019年高考备考的角度看历史常规材料题，除了稳扎稳打做好知识的巩固与落实之外，在平时的训练中应加强中外相关主题的贯通训练。结合笔者对新课标与高考考纲的对比研究，建议从以下几个方面入手，以加强针对性：科举制与文官制度；国际法与国家关系；中西社会救济和优抚措施；中西基层国家治理；中外历史上货币发行和使用情况；食物生产、储备；食品安全；货币、信贷、商业契约在日常生活中的重要性；各地民居差异及其特征；交通运输的新变化对民众生活及社会变迁的意义；中医药和西医在中国的传播；移民与文化认同；学校教育、留学、书刊出版、翻译事业以及图书馆、博物馆在文化传承与传播中的作用。

2. 历史开放题型分析

全国卷第42题（或是41）题一般称之为历史小论文写作，是最近几年逐步定型的一种开放题型，从2011年常规材料题开放性设问开始，到2012年正式以开放题型出现。虽然有的年份是要求提取信息加以说明，有的是提出观点进行评析，有的是提出修改意见，有的是发现问题、自拟论题（或者主题、观点），但分值都固定为12分。开放题型的出现和定型是一种必然，因为高考大纲要求学生能够做到论证和探讨问题，即发现历史问题、论证历史问题，甚至独立提出观点。而开放题型不论何种类型，都是对学生论证和探讨问题的考查，因此也一般直接成为历史小论文写作。

笔者梳理了最近5年的高考历史开放题型，以便更好地寻找命题趋势。

年份与试卷	题号	类型（要求）	材料（主题）
2018年全国Ⅰ卷	42	提取情节联系历史现象并加以概述、评价	《鲁滨逊漂流记》世界近代史
2018年全国Ⅱ卷	42	对图表提出看法加以说明（史论结合）	《汉书·古今人表》古代思想
2018年全国Ⅲ卷	42	提取中外关联的信息，自拟论题加以阐述	14—17世纪中外历史事件
2017年全国Ⅰ卷	42	提取两条或以上信息，自拟论题加以阐述	钟表的演变（中西古今）

续 表

年份与试卷	题号	类型（要求）	材料（主题）
2016年全国 I 卷	41	结合世界史，围绕主题（"制度构想与实践"）自拟论题进行阐述	卢梭《社会契约论》：人民主权说
2015年全国 I 卷	41	运用世界近现代史，对公式（观点）进行探讨（可以展开论证、修改、补充否定，或提出新公式），加以论述（史实准确）	齐世荣《世界史》：生产力与科学技术以及生产力诸要素之间的关系
2014年全国 I 卷	41	对目录提出修改建议，说明修改理由（观点正确、符合历史事实）	1960年我国中学历史教科书"抗日战争"的目录摘编

从历史开放题型最近几年的发展来看，类型越来越多样，考查的能力和素养也越来越明确。2014年全国 I 卷、II 卷在材料载体上都选择了教材目录，对早些年代目录修改或者两个不同年代背景下目录的对比，反映的是对历史解释、时空观念和史观的考查。2015年全国 I 卷无论是从材料载体还是要求都是比较难的，其实是一种逆向思维的考查："通过了解世界近现代史三次工业革命，认识生产力和生产关系的问题以及科技技术对于人类社会发展的重大作用。反之，给出相关的公式（本质是唯物史观的基本观点），调动和运用所学的历史知识进行分析和说明。"2016年全国 I 卷比较常规，而全国 II 卷、III 卷都是材料加地图的形式，所谓"左图右史"，这种题型也值得注意。2017年 II 卷是提取信息加以说明类；III 卷是根据材料结合中国近代史所学，自拟论题加以阐述。"自拟论题"是开放题型最常见的要求，自拟论题之前首先要把握好材料所给定的主题。主题的具体化就是论题，论题中的不同态度倾向又形成观点。

2018年的三套卷分别是提取情节、看法和信息，但是本质相同，都是提取信息加以说明的类型。这类考题解题过程分两步走，获取信息和论证问题。获取信息要做到精确、全面，就不能只获取表观信息，还要能运用知识、辨别、理解和处理信息，进一步说明历史现象、历史观点，由表及里地认识历史事物的本质。而论证问题有个明确的要求就是"史论结合"，要求论从史出，所引用的史实往往有时间限制，且必须准确，史实和论述之间逻辑关系合理。2018年全国 I 卷第42题不同以往之处在于不是在说明中史论结合，而是从文学材料的情节中提取历史现象，然后进行概述和分析。体现了从不同的史料类型中获取信息，由表象到实质，从文学叙述中反推历史现象，从现象再到历史解释的过程。总的来说，开放题型从初探到定型，从求新、求奇到回归理性，难度在下降，学生的适应能力也在增强。要想在开放题中取得好成绩，关键还是"功夫在诗外"。开放题型所考查的能力与素养都需要在日常教学活动中潜移默化，需要学生厚积薄发，不能只是"临阵磨枪"，更不能是"揠苗助长"，而对于目前的高三只能尽量做到"亡羊补牢"。

3. 选做题分析（改革史）

2018年高考考试大纲中选考部分分三大块：历史上的重大改革回眸、20世纪的战争与和平、中外历史人物评说，分别对应2018年全国Ⅰ卷的45、46、47题。由于高三只学习过选修一"历史上的重大改革回眸"，且这部分与必修部分的关系最为密切，为了节省审题和做题的时间，提升效率，一般学生会直接选做45题。

选修一"历史上的重大改革回眸"在教材中介绍了商鞅变法、俄国农奴制改革等古今中外著名的改革，但是高考45题的出题并不局限于教材介绍过的改革。最近5年曾经考过汉武帝纪年方式的变革、1977—1981年中国科技体制改革、近代湖南保卫局的创建、我国20世纪80年代的工资改革、清末北京街道的管理改革、隋代法律制度改革、唐太宗谱牒改革、清末新军改革、孝文帝庙号改革、唐代币制改革、清朝养廉银制度改革、魏晋法律制度改革、南朝山泽管理制度等。从最近五年改革史考查的主题来看，基本全是中国的改革，中国古代8个，涵盖政治、经济、文化各个方面；中国近代3个，有社会管理和军事；现代2个，内容不同，但强调改革开放后各个领域的变化。建议复习方向：中国古代史部分围绕统一多民族国家发展的主线，注重强化大一统的制度变化与创新、民族交融、区域开发和思想文化领域的变革，以及加强对边疆经略和治理的改革；中国近代部分围绕社会性质变化过程中经济发展和社会管理以及外交观念的变革；中国现代史围绕改革开放前后与民众生活息息相关的领域的变革。

从问题设置来看，答案来源一般都是"根据材料并结合所学知识"，但是部分年份考卷（如2018年全国Ⅰ卷）改革史第一问只需要"根据材料"，即答案只需要通过材料获取信息；从定法词来看，方法比较集中，最近五年只出现过5种定法词，且集中在概括（10次）、简析（7次）、说明（7次）、指出（2次）、简评（1次）。将最近五年的求答词进行梳理也可以发现，围绕着一场改革主要就是3类问题：为什么要改——即"背景"（2次）、"原因"（3次）；怎么样改——有"区别""不同""变化"（2次）、"内容"（4次）、"特点"（4次）；改得怎么样——即"历史意义"（5次）、"作用"（3次）、"影响"（2次）、"困难与启示"（1次）。改革史可以考查的内容不胜枚举，难以穷尽，所以在改革史的复习中应直接用真题，通过命题规律整理答题模板，以一当十，触类旁通，教会学生解题的方法。同时，改革史也跟常规材料题一样，要注重"输出"，包括答题的规范性、书面的整洁等。

三、2018年高考历史的新变化

总的来看，新高考的新特点有凸显高考选拔、引导人才的功能性；强化历史学科核心素养的考查力度；强调知识在实际的、生活的、变化的情境中分析解决问题的能力；强调创新，包括试题情境的多样化呈现、设问的创新、答案要求的创新；强调回归，即学科本质的回归、学习内容的回归、学习目的回归。十九大和新课标不仅是"指挥棒"，更是"风向标"，对高考和备考的影响可谓是"过江千尺浪，入竹万竿斜"。乘着这股东风，要想"好风凭借力，送我上青天"，还需要多多加强对新课标、新课程和新高考的研究，并且将研究成果应用于教学中，指导高三备考工作。在追求高考成绩的同时，不止于成绩，以考定教、以考促教，实现历史教育的功能与意义。

浅谈核心素养视角下历史课堂的
探究性活动开展

深圳市龙岗区布吉中学　郑清晓

一、概念解释

学生发展核心素养主要指学生应具备的，能够适应终身发展和社会发展需要的必备品格和关键能力。研究学生发展核心素养是落实立德树人根本任务的一项重要举措，也是适应世界教育改革发展趋势、提升我国教育国际竞争力的迫切需要。

核心素养是党的教育方针的具体化，是连接宏观教育理念、培养目标与具体教育教学实践的中间环节。党的教育方针通过核心素养这一桥梁，可以转化为教育教学实践可用的、教育工作者易于理解的具体要求。明确学生应具备的必备品格和关键能力，从客观层面深入回答"立什么德、树什么人"的根本问题，引领课程改革和育人模式变革。

中国学生发展核心素养以培养"全面发展的人"为核心，分为文化基础、自主发展、社会参与三个方面，综合表现为人文底蕴、科学精神、学会学习、健康生活、责任担当、实践创新等六大素养，具体细化为国家认同等十八个基本要点。各素养之间相互联系、互相补充、相互促进，在不同情境中整体发挥作用。根据这一总体框架，可针对学生年龄特点进一步提出各学段学生的具体表现要求。

探究性学习即Hands-on Inquiry Based Learning（HIBL），是新课程倡导的一种学习方式，运用探究性学习方法能让学生从探究中主动获取知识、应用知识、解决问题。探究性学习必须满足学生在短时期内学到学科的基本知识和学科的结构，所以这个过程在许多情况下都要被简化。比如提出问题这个环节，在大部分的教学活动中都是由教师提出问题，或由教材提出问题；在获取事实这个环节，常常由教师和教材来确定研究方法、步骤、所用材料等，这样就省去了学生设计实验的环节。探究性学习也要给学生提供进行完整科学探究活动的机会，这样的活动虽然要用更多的时间，但对学生体验科学家的探究过程是非常必要的。

探究式学习作为一种学习方式，具有自主性、实践性、过程性和开放性的特点。探究性学习的课程实施模式很多，其中比较典型的有"做中学"的学习模式和情境探索的学习模式。

在探究性学习的实施过程中强调学生的主体作用，同时也重视教师的指导作用。教师的组织和指导作用体现在三个方面：第一，指导学生选择课题；第二，指导学生开展活动；第三，指导组织结果评价。

在开展探究性学习的过程中，我们应当注重以下几点：首先，探究性学习的主体是学生；其次，探究性学习离不开教师指导；再次，探究性学习从问题或任务出发；最后，探究性学习必须遵循科学的研究方法。此外，通过探究性学习，学生不仅能获得知识，更重要的是还能培养他们探究和创新的能力，增加他们的情感体验。

二、为什么历史课堂要采用探究性学习活动

历史作为一门以古观今知得失、上下求索五千年的学科，给许多人的感觉依然是"历史就是死记硬背""历史课堂是枯燥的"。然而，历史作为高中所有学科中时间跨度最长、故事性最强的一门学科本不应该被这样地看待。笔者看来，一节效果好、效率高的历史课堂不应该是死气沉沉、填鸭式地灌输知识点，也不应该是机械性地记笔记、背诵，而是应该充斥着欢声笑语，让学生在主动提问、积极求学的欲望中自发地探索并解决问题。

核心素养作为2017年新版课程标准的关键词，不仅对学生的能力提出了更高的要求，也对教师的教学提出了不同的要求。

1. 具备良好核心素养的学生应具备坚实的文化基础

高中历史与初中历史相比，知识点、涉及的历史事件多有相同，这也是学生常常觉得"历史就是枯燥的重复学习"而产生疲倦感或不感兴趣的原因之

一。但高中历史与初中历史的侧重点多有不同。高中历史更注重学生对历史事件的认知与评价，在对历史事件全面了解的基础上进一步得出结论，在扎实史实功底的基础上形成正确的人文观念。

2. 具备良好核心素养的学生应具备自我发展的能力

当今学校教育大多数还是采用"满堂灌"式的教学方法，这种方式直接表现为学生被教师"推着走"，是填鸭式的被动学习，而非学生自我有疑问需要解答。韩愈在《师说》中提到，教师应当是"传道授业解惑也"。现在的大部分教师都能做到"传道授业"，将自己的学识所长毫无保留地传授给学生，但鲜少有人能够做到"解惑"。并非教师自身的能力有限，更多是传统的教学方式与师生模式使得学生不勤于思考，只是被动接受而提不出问题。久而久之，更是懒得思考、懒得提问题。多年来，学生养成的思维惯性即习惯于机械接受教师的传授并记忆。

高中是学生成长期的一个转折点。褪去青涩的他们已经开始能够平心静气地听从他人的部分建议，而所处的年龄也正是对自我形象认知建构的关键期。高中的学生已经有了一定的自主辨别能力，处在青春叛逆期的他们正是世界观、价值观、人生观形成的关键时期，一味直白地说教反而会激起他们的反感。我们可以采用迂回的形式，减少直接地灌输知识点，代之以教师提出问题或引导学生发现问题并指导学生想办法解决问题的方式。由此提高学生学习的兴趣，自发地提问、主动地解决，推动学生自我发展的意识。同时，可以采用引导学生从过去的历史中分析出正确的价值导向，潜移默化地为学生建立正确的世界观、价值观与人生观。

3. 具备良好核心素养的学生应具备社会参与的意识

常常听到学生说："历史就是学过去的东西，没有用。"这是教育上的缺失给学生造成的误解，也是社会上的观念带来的错觉。作为一线教育者，应当给学生树立这样一种观念——历史作为一门学科讲述过去，但从不过时。唐太宗曾说过"以史为镜，可以知兴替，以人为镜，可以明得失"，万事万物皆有其因果循环的发展规律。学生要有社会参与的意识，首先需要了解社会的整体架构与基础规律。而历史课堂更应该为现实服务，学生在获得历史价值的同时也应当能够在现实中灵活运用、举一反三，这才应该是有效果的、有意义的历史学习。

在核心素养的三大要求之下，传统"师讲生听"的上课模式已经不能满足今天的需要。前期准备需要扎实的文化基础，学习过程中能够充分调动学生自我发展的能力，以提高学生社会参与意识为目的的探究性学习活动的重要性日益体现。

第一，探究性学习具有较大的自主性。突破传统的授课模式，不同于传统的被动学习，自主学习的核心在于学习过程中对学生自身主动性的强调，要让学生意识到自己对于学习的需求，从而主动学习。在现代社会发展的趋势下，拥有自主学习能力的人才能在竞争中获胜。未来的人才除了具有全面发展的综合素质，还应该具有很强的自主学习能力。因此，培养学生的自主学习能力最主要有两个因素，一是要培养学生对于学习科目的兴趣；二是要让学生认识到学习是为了自己而不是别人。

第二，探究性学习能够提升学生的实践能力。从开始的自主思考提出问题，到解决问题过程中的寻找方法，以及最后得出结论进行总结，都考验着学生的实操能力。以高中历史为例，在提出问题后，学生可以通过查找文字资料来论证自己的观点，比如相关的史志记载、诗歌小说、地理图集等；也可以由文献得出相关的论证，最好能够进行实地走访考察，或者访问有此经历的人，采集一手资料。由此将历史的宏大叙事与脚踏实地地走访采集结合起来，两者对比之下方能得出比较客观的事实。

第三，探究性学习更注重其过程性而不是结果。当今社会风气急功近利，人们大多更看重结果而忽略了过程。学生在这种氛围中成长，难免受到这些思想导向影响，常常会产生"历史有什么用"的疑惑。而在探究性学习的方式下，学生能够在学习过程中获得更多的体验，通过不同的体验感受获得的不同的结果。

第四，探究性学习具有开放性。探究性学习是一种从开始到结束都完全由学生为主导的学习方式，从选定题目到如何调研，最终得出结果报告，都由学生操作，教师在其中只是起指导作用。因此，我们说整个过程都具有开放性，其中最为明显的就是结果的开放性。

由上文所述，探究性学习是一个集体合作下的个人体验过程，在以集体小组方式的探索学习中，每个学生作为个体收获的感受都是不同的。因此，"一千个人里就有一千个哈姆雷特"，同一个探究课题每一个学生所收获的感想也是不同的，这也是探究性学习的开放性表现之一。

三、如何在历史课堂开展探究性学习

对历史教育的技术处理，许多教师常采用说教或说教的衍生——由学生谈认识、谈启示、谈体会，将其作为一把提高学生情感认识水平的钥匙，大有百试不爽之感。笔者也曾看到一些发表的优秀教学案例采用此法，现摘录一段如下：

课后拓展：作为当代中学生，身处科学技术迅速发展的时代，你认为如何做才能实现自己的价值？

设计意图：设计这个课后拓展环节，旨在引领学生提高认识，即对新中国成立后我国科技成就有一个理性的认识。让学生明白身在校园、心系天下，位卑未敢忘忧国。问题本身没有答案，学生可以各抒己见。

一般意义上，我们常常多以这一形式作为该课的总结或拓展延伸，总结巩固知识，训练发散开放思维，提高认识水平。但站在教学有效性的层面看，情况就复杂了。

利用课后拓展，形成个人发展与时代进步、国家发展融合的价值观，但设问过于直接，缺乏思维深度，加上传统教育模式下学生普遍长期经历类似的价值观说教。因而，中学生回答中所体现的正确、科学的价值观成分究竟是由内而发、自我生成，还是为配合教师、配合课堂教学形成的"虚伪"的模式化价值观，是值得深思和探讨的。若是前者，将促进预设教学目标的达成和学生认识层次的提升；若是后者，不免沦为为培养价值观而培养价值观的教育，形式大于实质、内涵，育人效果将大打折扣。同时可能使价值观教育走向反面，机械、空洞、口号式的历史价值观大行其道，真善美变成假大空，甚至口是心非，最终造成严重后果，致使历史课堂教育效果应然与实然的错位。

笔者曾拜读过魏勇老师的一节课堂实录，展现了另一种形式的历史课堂，更多的是在教师指导下学生的历史思考与内生性性认识。

从形式上看，课例中魏勇老师并没有采用传统的道德说教方式进行课堂总结，也没有越俎代庖代替学生思考、回答；从内容上看，没有粗暴、简单地对统一与分离进行评价而得出是非曲直的价值判断。相反，魏老师充分运用比较历史的方法，在探究式学习过程中通过启发、引导，使学生在充满理性思维的推理和讨论的思想冲突中展现出思维张力，传递出历史价值观，生成本课基于学生水平与教师理解的价值内涵，从而让学生自然地形成和获得情感体验与价值观的升华。这正体现了探究性学习活动的理想效果——实效远比说教方式要好，因为这是学生自觉将知识与能力内化、合理思辨的结果。

四、结论

综上所述，在新时代的教育要求下，传统的教学模式已经无法契合核心素养的要求，具有学生学习自主性、操作过程实践性、注重过程体验而不是结果如何的过程性，以及整体开放性的探究性学习更能够塑造新时代所需的人才。因此，教师应当认真研究新的教育观念，不仅要及时补充历史专业知识，还要学习有关的教育知识，升级教学方法，营造自由活泼的课堂学习氛围。

情景教学实践论文

——《新航路开辟》一课的情景教学实践

深圳市龙岗区可园学校 朱 艳

新航路的开辟是世界历史上最为重大的历史事件之一，它既加强了世界之间的联系，更为欧洲资本主义的迅速发展创造了有利条件，最终改变了整个世界的面貌。《新航路开辟》这节课主要是通过对新航路开辟的背景、经过的介绍，说明新航路的开辟为加强各个大陆之间的联系创造了条件。教材首先以《马可·波罗游记》为切入点，引出欧洲人对东方的向往；接着重点讲述了哥伦布"发现新大陆"的历史事件及其历史作用，鼓舞了更多的人开始海上探险；随后列举了其他一些当时比较有名的航海家开辟新航路的案例；最后点明新航路开辟的积极意义。

以播放新航路开辟影片导入，运用多媒体营造特定的情景与氛围，体会航行的艰辛，从而感受航海家的拓展精神，激发学生的学习兴趣，起到了"凝神、点题"的作用。影片的视觉冲击使大家身临其境，效果直观，同时为下一环节的讨论提供素材，做到有的放矢。

播放的效果使学生听觉、视觉并用，加深对历史事实了解。如果没有信息技术的支持，积极性很难被调动。学生分组利用课前收集的图片、影音视频相继上台阐述新航路开辟的过程，并指派一人进行黑板上表格的填写。这样做是因为年代久远的历史只靠教师语言讲解会非常苍白，因而发动学生充分利用网络资源来完成学习任务。既体现了以学生为主体和合作学习的教学理念，又激起他们的求知欲望，在轻松愉快的课堂气氛中掌握了知识，从而突破了本节课的重点内容。通过表演感受新航路开辟过程的艰辛、艰难、艰险，培养学生勇于开拓的精神，从而实现情感态度价值观的教学目标。

教师播放flash制作的模拟新航路开辟的路线图，让学生有空间位置感，使原本复杂的航海路线变得一目了然，让学生通过信息技术清晰地了解新航路开辟的路线图。这是单凭学生想象和传统教学达不到的效果。

在学生分组表演的基础上，教师利用PPT出示新航路开辟一览表，用直观的方式对四次航行进一步归纳，对基础知识进行强化，使学生对新航路的开辟有完整印象。用网络图表总结展示，既节省了教师画图的时间，也提高了学习效率，加深了学生的印象，便于记忆。

通过"当我们面对表面温柔暗藏杀机的大海时，是停步不前还是勇往直前"的问题引发学生思考自己的人生价值，从而导入下一个环节——创设情境。

学生在听课的过程中对新航路开辟的过程理解得很深刻，因为让他们通过角色扮演来重现历史，学生的参与积极性很高。但由于学生的理解能力有限，他们很难理解欧洲资本主义萌芽是新航路开辟的主要动力这一观点。14—15世纪，欧洲资本主义生产关系逐渐发展起来，西欧国家相继出现了具有资本主义性质的手工工厂和商业活动。因为各国商品经济的发展和资本主义的萌芽，导致了对货币需求的增加，使得欧洲人狂热地追求货币和黄金。上至国王、教士、大贵族，下至中小贵族、低级教士，人人追求奢侈豪华，尤其是商人和资产阶级，更是热衷于追求金银和财富，然后把货币转化为资本，剥削雇佣工人创造的剩余价值。然而，欧洲黄金的开采量有限，而且还要用有限的黄金去换取东方出产的丝绸、香料、珠宝等，因此造成欧洲的黄金奇缺。对黄金贪婪的追求，而这也从本质上反映了资本主义生产关系对于掠夺财富和加速资本原始积累的迫切要求。而这也成为探索通往东方新航路的主要动力。学生对这段历史宏观把握得不好，因为这部分内容还比较抽象，应在以后的教学中适时地反复渗透给学生，使学生逐渐从宏观上掌握历史的发展脉络。

这节课课前发动学生设计出行的准备工作：船只、指南针、食物、饮料、药品、货币、商品、全能修理工、医生、航海家、科学家等。发动学生确定航行路线，兵分三路：一路按照达·伽马到达印度，一路按照哥伦布发现美洲新大陆，一路按照麦哲伦船队环球航行。分角色扮演当时的船队，学生的参与热情很高，同时请一位小助手填表格，这样也充分地发挥了表格的作用。既调动了学生的积极性，又注意了知识点的落实，课堂也不会显得那么沉闷。但这样做也暴露出来一些问题，那就是作为年轻教师，在有些方面点评得不够到位，学生的亮点也不能充分地利用，这和教师的知识含量有很大的关系。所以功夫要做在课下。俗话说得好，"要给学生一碗水，教师要有一桶水"，教师每天都要挤出时间来多学习一些和本专业相关的知识，不断丰富自己。

整节课都是教师通过创设不同的情境把学生带进那个发生在几百年前、几千里之外的事件，调动了学生的积极性，在轻松愉快的氛围中突破了本节课的重点和难点问题，收到了很好的教学效果。

第二篇

教学方法

2

初中生历史表述能力培养初探

——以《世界政治格局的多极化趋势》一课为例

深圳市龙岗区平湖中学　蒋明娜

历史表述能力是历史学科能力的一种，它是用口头或书面形式将阅读与听讲后掌握的历史知识表述出来。表述的对象不同，其构成也不尽相同。本文以《世界政治格局的多极化趋势》一课为例，从口头表述能力和书面表述能力两个方面，就如何培养初中学生历史表述能力做初步探索。

一、书面表述能力的培养

《世界政治格局的多极化趋势》一课有着概念抽象、远离学生生活的先天不足，因此要上好这一课，首要任务是让学生真正明白课文标题。如何才能清楚明白地讲解"多极化趋势"这几个字呢？首先，将往届一名学生创作的漫画——《美苏争霸》通过幻灯片展示给大家看，学生马上沸腾了，非常兴奋；其次，在激发起学生的兴趣后，告诉他们漫画创作的方法是一看、二想、三画；最后布置任务："让我们接着那位同学的创作，以小组为单位，一起来续写20世纪80年代末90年代初以后世界走向多极化的情形吧！"同时幻灯片出示创作步骤。

（1）看一看：抓关键词，找中心意思。

（2）想一想：在多极化进程中有哪些力量。

（3）画一画：画得简单，看得明白。

十分钟过去之后，在小组成员的通力合作下，学生纷纷拿出本小组的创意。有的学生将世界比作森林，有几株特别高大的树代表当今世界的几个重要力量，即多极化中的"极"；有的学生用每一个重要国家或组织的标志性图案代表多极化中那些重要的力量，它们围着地球，争抢着主宰世界的魔杖等。创意非常多，都体现了学生现阶段的思维特点和兴趣爱好。

在这个过程中，学生通过创作漫画的方式，将自己认为的多极化表现得淋漓尽致。事实上，学生通过阅读课文，用漫画表达"多极化"是非常好的方式，基本表达了当今世界的多极化趋势。而教师只需强调当今世界多极化还在发展过程中，还不是格局，多极化中的各个中心力量彼此还在不断变化，甚至有可能会出现一些新生的力量。之后再让学生利用业余时间完善。

漫画表述属于历史表述能力中的书面表述能力。通过漫画创作，充分发挥学生的主体性，通过自主合作，用直观具体的漫画或简笔画的方式，完美地表述了世界正向多极化发展的趋势。

二、口头表述能力的培养

针对本课的重点——"欧盟"这一国际组织，教师在课前布置了一个作业——欧盟面面观，意图让学生扮演欧盟代表来介绍欧盟的基本情况，并下发纸币"欧元"，请拿到"欧元"的学生讲解纸币上图案的含义。在这一过程中，学生需要将文字表述转化为口头表述。在一问一答的过程中，锻炼学生敢说的精神，培养学生的口头表述能力，这是历史表述能力之一。

当然，并不是每一名敢说的学生都懂得用历史特有的语言表述自己的观点。因此，在学生表达了观点之后，需要教师及时评价与指导。在《世界政治格局的多极化趋势》探究学习部分，让学生结合时政，从叙利亚问题看世界向多极化发展的影响，要求他们从已知的文字材料入手分析影响。学生参与度很高，也十分踊跃地发表自己的看法，不过有些观点过于口语化，或者不够准确。例如，有一位学生认为"世界走向多极化，对美国当老大很不利"。"老大"这样的词汇是日常口语中可以出现，但在课堂上、书本上出现就十分不规范，并且表述也不符合历史语言的表述习惯。在表扬了他的自信之后，我建议他表述为"有利于遏制霸权主义和强权政治"。

总之，学生表述能力的培养不能简单理解为让学生"说"，而应在日常教与学的互动过程中逐步培养学生用历史的思维思考问题，用历史的语言表述观点。培养的过程中还要注意以下几点。

（1）强化学生的主体意识。

（2）精心设计提问与练习。

（3）对于学生的回答，教师应及时准确地做出评议。

浅议立德树人与初中历史教学的融合

——以部编教材《中国历史》八年级下册为例

深圳市龙岗区平湖中学　蒋明娜

《中共中央关于全面深化改革若干重大问题的决定》中明确提出："全面贯彻党的教育方针，坚持立德树人，加强社会主义核心价值体系教育，完善中华优秀传统文化教育，形成爱学习、爱劳动、爱祖国活动的有效形式和长效机制，增强学生社会责任感、创新精神、实践能力。"文件从国家层面指出立德树人是教育的根本任务。在教育教学中，德育为先、能力为重、全面发展的教育理念也得到普遍认同。历史学科作为一门人文学科，其特性决定了在教学中要充分发挥历史课堂的德育功能，通过有效融进情感教育、态度和价值观教育，使学生对历史人物和历史事件形成客观的评价，以及正确的世界观、人生观、价值观。这与教育的根本任务（立德树人）是一致的。

部编《初中历史》新教材在品德教育上赋予了更多的内容，从篇幅到内容都做了很多的倾斜。同时，初中生正处于"心理断乳期"，是人格形成的关键期，历史教学无疑在初中生人格教育中具有很大的优势。本文拟以历史课程改革为契机，在新课程理念指导下探索立德树人与历史教学相融合的方法，引导学生正确地考察人类历史的发展进程，逐步学会全面、客观地认识历史问题。使学生通过历史学习、德智体美全面发展，增强对祖国和人类的责任感，逐步确立为中国特色社会主义事业奋斗的人生理想。

一、巧用视频，情感体验

由于教科书中提到的人物、事件距离学生生活实际较遥远，只是文字和图片难以帮助学生体会历史当下的情形，因而学生往往显得无动于衷。作为教师，我们要反思的是为什么学生会有这样的反应？我们又应该如何传递历史情感，调动学生的情绪？比较容易做到的方法就是通过视频，营造激情或悲悯的历史情境，形成恰如其分的情感空间，使学生从直观的感悟中培养自己的情感态度和价值观。

1. 巧用视频说道理

中学历史教学承担着德育的重任，体现国家意志，是实现国家主流意识形态的重要载体。新教材适当增加了党的十八大以来我国在政治、经济、科技、文化等方面的发展及取得的成就，教师在历史教学过程中要帮助学生理解社会主义核心价值观、中国梦等内容的内涵与外延。

例如，八年级下册第11课《为实现中国梦而努力奋斗》一文中关于中国梦的内涵，课文中只有习近平在十二届全国人大一次会议上的阐述，即"实现国家富强、民族振兴、人民幸福"，配图是第十二届全国人民代表大会第一次会议会场照片。学生仅仅依靠一段简明扼要的文字和一幅会议照片，很难领会"中国梦"的内涵。当教师提问"中国梦具体到我们生活中是什么，我们能为实现中国梦做些什么"时，学生一脸茫然。他们在生活中、网络上很容易就能知道"中国梦"这个词语，但是这样一个宏观的概念与他们的学习不发生直接的联系，并且在生活中缺乏体验。因此，教师在给出问题后，要帮助学生建立起"中国梦"与生活的联系。教师播放央视《我们的中国梦》公益广告，视频中多位艺术工作者或影视明星分别讲述了中国梦在工作和生活中的具体内涵。学生看完这段视频就能展开联想，中国梦不是某一个人的梦，是国家的梦、民族的梦，是所有中国人的梦，每个人都可以为实现中国梦而做出应有的贡献。进而，学生可以从自身出发，谈谈"我们能为实现中国梦做些什么"，例如努力学习科学文化知识、团结奋斗，做对国家、家人、朋友有益的事等。此时，无需教师的说教，学生在你一言我一语的过程中体会到诚实劳动（学习）是实现理想的正确途径，只有国家好、民族好，我们自己才会好的道理。

2. 巧用视频抒情感

十八大以来，党中央明确提出，坚持教育为社会主义现代化建设服务、为人民服务，把立德树人作为教育的根本任务，培养德智体美全面发展的社会主义建设者和接班人。那么，我们教育的人才首先是要有民族认同感，要有正确的世界观、人生观和价值观。

作为初中历史学科的教师，要立足教材中德育的点，充分挖掘身边的德育素材，对学生进行家国情怀的培养。

例如，第13课《香港和澳门的回归》一文中，在"相关史事"一栏中对香港回归有一些细节描述："中国国旗和香港特别行政区区旗徐徐升起。全场沸腾了。许多人眼睛里噙满激动的泪花，雷鸣般的掌声经久不息……"这样的描述对亲身经历过的人是会产生共鸣的，但现在初二年级的学生普遍是2004年出生，这段描述对他们的触动很有限。因此，教师播放《跨越世纪——香港回归》的视频，重现1997年7月1日香港政权交接仪式，让学生通过视频见证香港回归的场景。当伴着歌曲《我的1997》，中华人民共和国国旗和香港特别行政区区旗冉冉升起的时刻，全体学生自发起立并报以雷鸣般的掌声，有些学生更是眼眶里噙满泪水。此时无言胜有言，学生已能够深刻体会香港回归祖国的激动心情，对祖国的强大倍感自豪。这样的爱国主义教育无疑是成功的。

3. 巧用视频梳线索

历史学科最基本的特征是时序性。因此，在反映历史发展过程、理清历史发展线索和揭示历史发展规律的历史教学初始阶段，初中历史教师应该按时序性将一切历史事物贯穿起来，且培养学生的时序思维能力也是历史推理的核心。如果在脑海中没有形成明确的时序意识，学生就会把诸多历史事件看成一堆杂乱无章的东西，不能明白历史事件和历史现象之间的相互关系，更不能搞清历史发展的来龙去脉。在日常教学中，历史教师常用的方法是借助年代将历史事物串联起来，以培养学生的时序思维能力。这种方法是比较普遍、较为奏效的方法，但是对学生情绪的调动却作用不大，要经过多次反复训练、不断回顾的方法才能按时序掌握历史要点。有没有一种方法能将枯燥的线索梳理得生动有趣，给学生留下较为深刻的印象，还能落实情感态度价值观的渗透呢？答案当然是肯定的。

例如，新中国建立后社会主义建设探索时期，要帮助学生按历史的时序性将探索的事件掌握好，教师可借助凤凰卫视一段纪录片《腾飞中国之中国人穿衣的集体回忆》，回顾新中国建立到改革开放后中国人衣着的变化。学生从衣着的变化，感知社会主义建设探索时期中国人生活水平的变化，以及这种变化背后的原因。枯燥的复习课因视频的运用激发起学生学习的兴趣，从而调动学生的主动性。学生通过形象记忆的方法，不仅掌握了新中国社会主义建设探索时期具体事件的先后顺序，进一步培养学生的历史思维能力，将国家的政策、措施与社会生活的变化联系起来，更有利于培养学生正确的价值观、人生观和世界观。

二、讲述故事，情感细化

历史学包罗万象，本身就是由历史故事组成的，历史故事是传播历史知识的载体。在初中历史教学过程中巧妙引入"故事"元素，通过教师将一个个完整有趣的历史故事细腻地描述出来，可以很好地吸引学生的注意力，激活课堂教学氛围，调动学生的主动性与积极性。在培养学生历史兴趣的同时，也锻炼他们的历史思维，对完善人格、实现个性化发展有着积极作用。

1. 用故事明概念，领会情感

部编八年级下册的历史教材中有许多抽象的概念，仅靠课文内容学生难以理解。例如在讲授第5课《三大改造》中"公私合营"的概念时，许多学生露出疑惑的表情，学生提出疑问："公私合营的方式感觉是剥夺了资本家对企业的所有权，为什么还会得到拥护？"还有的学生问："公私合营为什么会有利于企业的进一步发展呢？"此时，教师以北京同仁堂为例讲述公私合营过程中的故事，以解答学生的疑惑。一方面，同仁堂负责人乐松生先生深感公私合营是大势所趋、人心所向，在将一切涉及公私关系问题的事情与公方代表进行协商后，带头进行公私合营。合营后的同仁堂进行资产清算，确定资方资本和应得的股息。乐先生仍做同仁堂的总经理，生活待遇不薄。同时，针对一部分老职工怕合营后遭退休、降低工资等问题，工会通过多次不同层次的座谈会、政策交心会、个别谈心等方式，向职工讲同仁堂合营的措施和合营后的前景，使大家认清形势，了解各项政策，清除各种疑虑。教师讲到这里，学生已基本能够明白公私合营的方式得到拥护的原因。另一方面，面对合营后的新情况，同仁堂党支部领导全体职工先后进行人事劳动纪律、经营思想的整顿，并相应建立了劳保条例、成本核算、生产统计、质量检查、专人配送料、出入库等制度；制定年度、季度生产计划，和用户建立供销合同，改变生产的盲目性；增加设备，改进工艺技术，提高劳动生产率，降低消耗；特别建立了公私方共事的制度，使资方有职有权。通过教师讲解公私合营后企业的经营管理，学生可以明白合营的优势，理解新中国建立后全国上下齐心协力迈进社会主义大门的高涨热情。

2. 用故事设悬念，渲染情感

一节历史课的时间是有限的，如何才能既让学生时刻保持听课状态，又能对学生进行情感态度、价值观的渗透呢？这就需要历史教师在课堂教学的过程中适当地插入一些比较有趣的故事，引起学生的有效注意，启发学生的发散思维，产生情感共鸣。

一位教师在讲第8课《经济体制改革》时这样开头："温州人民西路有一家并不起眼的店铺，却见证了一个新时代的开始！"学生的积极性被调动起来，教师也在学生的追问之下把整个故事讲完："这家店铺的老板章华妹在1979年做出了一个冒险而又无奈的决定——当个体户。当时国家对个体经济还有诸多限制，但她没有料到转机很快就来了！她接到工商部门的通知，让她去申请一张营业执照，但身边一些人担心她会被当成投机倒把抓起来坐牢。章华妹在父亲的支持下申请了一张编号为10101的营业执照，这是改革开放后发放的第一张个体营业执照。"故事讲完后，学生了解了改革开放后经济体制由单一的公有制经济转变为以公有制经济为主体多种所有制并存的一些情况。借此故事告诉学生要敢于面对困难、挫折，勇于从跌倒的地方站起来，做生活的强者，与时俱进，敢于接受新事物，敢于尝试。

3. 用故事讲过程，培养情感

历史重在研究过去发生的人物、事件和规律，但历史教学无法重演和复制的内容是历史学科的难点所在。如何将枯燥呆板的史实转化为鲜活的历史人物，是激发学生学习兴趣、对学生进行情感教育的关键。教师以故事来引导课本内容的发展，以生动真实的语言再现历史人物的内心世界，能让学生在回忆起这篇文章时脑海中一幕幕回放人物的整个事件，有助于学生在理解教材的基础上掌握学习难点。

三、小组合作，情感深化

在教学中给学生一个"百花齐放，百家争鸣"的宽松学习环境，学生既能在独立思考的学习中发现新知，也可以在互帮互学中释疑解难，还可以在唇枪舌剑中各抒己见，从而提高了学生的自学能力、思维创新能力和民主意识。

例如，在讲授《香港和澳门回归》一课中，教师播放完《跨越世纪——香港回归》的视频后，指导学生以小组合作的方式思考"香港澳门回归有何重要意义""港澳顺利回归的原因有哪些""从香港和澳门两地被割占到顺利回归中得到了什么启示"。经过小组合作学习，统一内部意见，向其他同学展示小组合作成果。在合作学习的过程中，教师适时指导学生主动参与，在合作过程中学会倾听，学会从大量意见中梳理要点。在培养学生学习能力的同时，还培养学生合作的意识与理性的思维，以及强烈的民族自豪感。

四、个性作业，情感迁移

道德教育的最终目的是养成学生良好的行为习惯和正确的人生观、价值观与世界观。学生要善于将历史的经验教训和现实生活有机地联系起来，以史为鉴，指导现实生活中的言行。在学完相应的历史知识后，教师可以联系实际，布置个性化作业，培养学生知识迁移的能力与理论联系实际的能力，还可以将历史课堂上的情感教育迁移到现实生活中来，帮助学生德智体美全面发展。

例如，学完《工业化的起步和人民代表大会制度的确立》，教师布置两个个性化作业。一是梳理当地交通发展历程，请你谈一谈交通发展对一个地区的影响有哪些；二是聚焦两会，假如你是人大代表，请就你认为特别的一个问题向市政府写一封信，要写出缘由、现状及建议。又如学完《经济体制改革》一课后，介绍学生看小说《平凡的世界》，结合小说与访谈长辈，编写一个反映改革开放初期农村改革的剧本。再如学完《香港和澳门的回归》一课后，教师布置学生考察中英街的发展历史，为中英街未来的发展方向出谋划策。

赵亚夫教授指出："历史学科教育学是针对人的精神和智慧发展的学科教育研究。"作为历史教师，理应引导学生超越那些年代、事件、原因、经过、性质等僵化的条条框框的概念，将知识学习同情感态度、价值观相结合，真正体现"以史为鉴""学史明智"的教学宗旨，从而把立德树人的教育目标落到实处。

参考文献

［1］罗南兵，张淇.立德树人在中学历史教学中的实践［J］.当代教研论丛，2015（4）.

［2］林良展.立德树人：基于生本测量数据的历史教学实践——以"罗斯福

新政"一课为例［J］.中学历史教学参考，2017（23）.

［3］薛婧.论初中历史教学中的立德树人［J］.教育，2016，9（36）.

［4］王海玲.立德树人观下的学科渗透德育研究［N］.新乡学院学报（社会科学科学版）2011（1）.

试从教学方式的转变看和谐历史课堂的构建

深圳市龙岗区平湖中学　蒋明娜

在新课改的推动下，要改变传统观念，转变教学方式，使得每一位历史教师必须思考这样一个问题：如何使历史教学变得生动有趣，使历史课堂焕发出勃勃生机，呈现积极向上的和谐局面？本文试从教学方式的转变来谈谈和谐历史课堂的构建。

一、创设历史情境，引发探究欲望

历史教材描写的是发生在过去的事，而教授历史和学习历史的人却是生活在当代的。因此，为了让学生更形象、具体、鲜活地了解发生在过去的事，就需要教师在教学过程中根据学生的年龄特点和心理特征，有目的地创设具有一定情绪色彩、以形象为主体的、生动具体的场景，以引起学生一定的态度体验和情感共鸣。从而帮助学生理解教材，充分调动学生学习的积极性，激发他们的探究欲望，促使他们自主学习和自主探究的能力，进一步达到教与学的和谐统一。

既然创设情境能够引起学生好奇、好动、好问的心理特征，使他们乐于学、主动学，那么应该运用什么样的手法创设情境呢？以《万千气象的宋代社会风貌》为例，教材中对宋代人民生活的描述只有寥寥两张纸的篇幅，而我们知道，宋代的世俗生活气象万千，简单数语何以体现它的"气象万千"呢？又如何能让学生理解"气象万千"的繁荣景象呢？在讲授这一课时，教师可采用历史剧的方式，情景再现宋代的社会景象。通过历史剧的表演，直观、形象地展示了宋代人民的衣食住行与娱乐活动。学生通过这种方式自然感知教师想要告诉他们的信息，如此传递给学生的信息会大大超出课本那些枯燥文字的叙述与难以理解的图表内容。学生有了切身体会之后，变得有话可说、愿说、乐说，进而激发他们进行更深入的思考。

创设情境的方法除了表演历史剧之外，还可以通过组织历史辩论会、情感体验活动、观看历史影视作品、考察历史遗址或遗迹等方式，达成学生自然感知历史，实现教与学的和谐统一。

二、突出学生主体，鼓励多维思考

历史课堂教学不是简单的教师传递知识和学生学习知识、背诵记忆知识的活动。学生作为教学过程中的主体，应是教学活动的中心、主角，需要多给予他们自主学习的空间，使他们主动产生学习的欲望，积极思考并能创造性地完成学习任务。这也是当前教学改革所强调的。那么，历史教师作为历史课堂的引导者，对于学生的主动学习应做些什么呢？

1. 打破教材局限，鼓励学生重新认识历史

我们以往的历史教育完全是历史知识的被动讲解与被动接受，没有学生这一学习主体对历史分析、评价、解读的过程，这就造成学生对历史知识的盲目相信、死记硬背。因此，要打破传统的历史教学方法，应创设宽泛的历史解读空间，激活学生的主体意识，鼓励学生多角度、多层面思考。例如，中国近代屈辱史上，清朝与外国列强签订了诸多不平等的条约，给中国带来了深重的灾难，而这些条约都是李鸿章代表清政府签署的，所以他经常被认为是为了一己私利出卖国家权益的卖国贼。但学生通过多方收集材料，发现李鸿章在洋务运动中积极创办实业，他也有爱国的一面，只是他爱的是当时的清王朝。因此，学生对李鸿章就有了许多不同的评价。经过学生的自主探究，李鸿章这个人物便鲜活起来了。

2. 设计疑问，引发思考

调动学生思考是实现学生主体地位的重要方式，而恰当的问题是引发思考的开始。在《鸦片战争》一课里讲到中国落后挨打时，教师提问："中国为什么挨打？"此问题一出，学生的大脑便开始积极思考，寻找原因，小组内展开了热烈的讨论。经过一番争论后，清朝落后挨打的原因便明朗了。学生通过质疑、思考、交流、讨论能够正确认识历史事实，体现了教与学的和谐。

3. 捕捉生成资源，尊重学生的正确认识

在历史教学过程中，凡是学生经过思考而得出的认识或观点，只要合乎

情理，应给予鼓励，肯定其主动思考的做法和质疑的态度；对学生有失偏颇的认识，教师要加以引导，帮助其形成正确的认识。例如，在学习"禅让制"这一部分时，有学生提出"禅让制"是先进的民主制度，在这一制度下，社会十分民主。对于学生的这一认识，教师除了肯定其积极的态度外，还应引导他们寻找大量的背景材料，对"禅让制"进行更全方位的了解，从而认识到"禅让制"确实是一种民主的制度，但在简单的民主表面之下也受所处时代的局限，这种原始的民主并不比当今的制度先进。

三、立足学科素养，回归和谐课堂

历史教学的根本是培养具备历史学科素养的学生。那么，作为历史教师该如何在课堂中找到历史教育的归宿呢？我认为可以从以下方面尝试。

注重与学生的人生发展相结合。历史教材中包含了许多先进人物的思想、英雄人物的事迹、民族精神的传承、先进文化的传递，通过全方位、多角度挖掘历史教材中的内容，抓住学生的情感和思想，帮助学生形成观察、认识历史的观点、态度和方法，进而形成自己的世界观、人生观和价值观，用以指导人生。

总之，转变教学方式的目的是为了营造和谐的课堂，在和谐的基础上激发学生的积极性、主动性，促使学生个体的发展达到最佳程度或最佳状态，最大限度地发挥教育教学活动的效益和效率。

参考文献

[1] 刘邹.自然感知·人文解读·学科引领——浅谈新课标下历史教学方式的变革 [J].中学历史教学研究，2005（4）.

[2] 宋波.从优化教学策略看历史教学有效性 [J].中学历史教学研究，2013（3）.

[3] 刘健儿.历史课的审美教育与学生和谐人格的发展 [N].黑龙江教育学院学报，2003（4）.

[4] 赵玉田.历史学科创新教育途径探究——源于中学历史教材变革的思考 [J].现代中小学教育，2003（1）.

浅谈历史教学中情境创设的妙用

深圳市龙岗区布吉高级中学　高 蕊

一、情境教学在历史教学中的重要性

我国著名教育学家朱绍禹先生曾经指出："教师的基本作用在于创造一种有利于学生学习的情境。"这既要靠教师的知识经验，也要靠他们的艺术和品格。情景教学就是要求教师在教学中根据教学内容的要求、学生的实际情况，运用一切可能的教学条件，积极创设教学所需要的情景，使学生置身于历史情景中，由此启发学生的思维，引起学生的联想，并引导学生参与情景，从而达到好的教学效果。

历史是过去了的人类活动的记录，是历史人物和人民大众活动的遗迹，既不会重演，又无法实验。但是，历史都具有突出的情景性，要把过去的历史现象重现在学生头脑里并使其形象化，形成具体、清晰的历史表象，使学生在表象的基础上进行体验、想象，开展思维活动，获得正确的历史知识并有所创新。良好的情景教学不仅有助于学生的认识活动，更有利用激发学生的情绪情感，从而产生巨大的教育力量。

二、创设情境的方法

创设情境的方法有很多，比如根据教材的内容进行情境的创设、联系现实展现情境、运用多媒体技术进行情境的创设、运用教师的语言描述进行情境的创设、运用学生的好奇心进行情境的创设（即以问题创设情景）、利用实物创设情境，等等。可以利用上述方法，结合教学实际创设不同风格的情境辅助学生掌握知识。

三、情境教学在历史学科教学中的应用

1. 创设趣味情景

孔子高唱："知之者不如好之者，好之者不如乐之者。"南宋的朱熹说得更为直率："教人未见意趣，必不乐学。"科学泰斗爱因斯坦也认为："兴趣是最好的老师。"心理学研究表明，趣味性易于使大脑皮层处于兴奋状态，活跃学生的思维。因此，创设愉悦趣味的教学情景有利于激发学生学习兴趣，提高学习效率。

例如在讲到必修二《大萧条与罗斯福新政》时，因为资本主义经济的有关问题和概念比较抽象，所以以一则漫画故事为开头，先利用一幅大家都非常熟悉的漫画——"一个中国老太太和一个美国老太太关于住房的故事"，引出因房地产泡沫引发的美国乃至全球的金融危机；再用两则新闻材料介绍近期国际热点问题——美国金融危机，并引用美国总统布什的话："毫无疑问，华尔街是喝醉了，现在正处于熟睡期间，问题是它什么时候醒过来。"把经济大萧条比喻为资本主义的一次重病；然后依照了解病情（经济大危机的表现、影响、特点）、查明病因（经济大危机的原因）、对症下药（罗斯福新政的内容）、评价疗效（罗斯福新政的评价）、学以致用（自主探究）等方面来展开教学。通过创设形象的情景，激发学生的求知欲，帮助他们理解、掌握晦涩的知识，同时让学生认识到历史与现实的密切关系。很多教师利用趣味情景的创设令课堂别具一格。

又如，有的教师讲《从甲午战争到八国联军侵华》一课中的帝国主义瓜分中国的狂潮时，让学生进行拼图演示，这样"瓜分"的概念就不再是抽象的了。这种方法对学生来说如同做游戏，因而倍感兴趣，极大地激发学生自主学习的积极性，课堂也显得轻松和谐。

2. 创设情感情景

情感教育是教育的基本内容之一。用具体事例调节并激发学生"应有的情感"，这样的情感教育才会深入、具体，富有成效。历史理论具有科学性，历史史料具有真实性，历史内容具有客观性，在对学生进行情感教育方面具有得天独厚的优势。在历史课情感教学中，如果充分发挥这种优势，用潜移默化的方式和真情实感去感染人、熏陶人，让学生产生共鸣，能使情感教育自然、真

挚、可信。

在讲到必修一《民族国家的统一之路》时，笔者先用前联邦德国总理勃兰特在华沙犹太人殉难者纪念碑前双膝跪倒的照片引入，进而用一系列真实的图片、数据让学生了解二战中德国法西斯的暴行和战争的残酷。当学生被这一切深深震撼的时候，我进而指出德意志民族曾经被誉为是"思想家和诗人的民族"，涌现出许多著名人物，有马克思、恩格斯、黑格尔、歌德等，高度文明伴着极端凶残构成了德意志对人类历史的双重影响。那么这种双重影响的根源究竟是什么？使学生由开始的震惊、愤怒转为深深的疑问和思考。同时在本课结束时又将下跪的勃兰特照片和当时枉顾历史事实真相和中国人民感情坚持参拜靖国神社的日本前首相小泉的照片做对比。通过具体的事例和鲜明的对比，使学生认识到和平的重要性，引起一种热爱和平、维护和平的情感共鸣，实现本课内容的终极目标。

在讲授必修一《鸦片战争》时，学生深深地感受到清王朝的腐朽。扼腕叹息之时，再用一组图片显示在国家危难之时中国各阶层坚持不懈地救国斗争，同时展现新中国成立后中国的逐步强大，让学生沉浸在浓浓的爱国情结中，甚至有一个班的学生还唱起了国歌。学生兴致很高，课堂气氛也非常热烈。

在制作历史课件《一国两制和祖国的统一大业》时，笔者从网上找到了香港回归的壮观场景，并偶然从歌碟《公元一九九七》的背景画中找到了英国占领香港的过程，将其剪辑下来插入课件中，效果很好。在讲澳门回归时插入《七子之歌》，熟悉的歌曲将学生的情绪一下子调动起来。

3. 创设角色情景

创新思维具有五个明显特征，即积极的求异性、敏锐的观察力、创造性的想象、独特的知识结构以及活跃的灵感。在教学过程中，着力创设角色情景，让学生置身于历史事件之中，有利于培养学生的创新思维。

例如《战国时期的百家争鸣》一课，由学生分别扮演孔子、孟子、老子、墨子、韩非子、孙武等六个历史人物，围绕在社会发展变革时期"如何治理国家"的问题各抒己见，展开辩论，在游戏中让学生明白诸家思想的精髓。这样一来，本来比较沉闷、晦涩的内容通过角色情景的巧妙创设，使学生在欢声笑语中理解掌握。

4. 创设美感情境

美感是人类接触到美的事物时所引起的一种冲动，是一种赏心悦目的心理状态。笔者在借鉴他人的媒体资源时，总是尽量多搜集一些相同内容的课件，然后加以比较，从中筛选出制作精美、设计巧妙的课件运用到自己的课堂中，让学生在美的情境、美的画面、美的音乐，甚至美的剧情中学习、体味。

在讲到必修三第二单元《中国古代文艺长廊》时，笔者发动学生收集自己喜欢的书法、国画、音乐和诗词，并在课堂上和大家一起分享，向大家介绍自己喜欢这些作品的原因。在讲完这一单元后，很多学生被精美的古典文化所吸引，都来拷贝资料。这些看惯漫画、听惯流行歌曲的学生，竟然对古典文艺产生了很大的兴趣。我想，这就是美的巨大作用吧。

5. 创设问题情境

历史是充满灵动的智慧之学。只有激活学生灵感的钥匙，引领学生开启智慧之门，才能激发学生学习的主动性。托尔斯泰在谈及教育问题时曾说："为了让学生学好，必须使他好学。"怎样让学生好学呢？孔子说："学起于思，思源于疑。"在历史教学中，依据学生的心理特点和知识水平，把问题巧妙地隐含在富有启发性的具体情景中，促使学生积极思维、探索，从而顺理成章地解决问题，培养学生主动学习的能力。

在必修一《新中国的民主政治建设》中"政治协商制度的形成"这一子目，笔者层层深入地设计问题：①究竟是"一个党好还是几个党好"？为什么？②多党存在，怎样存在？是轮流坐庄还是像西方国家一样实行两党或多党竞争制？共产党和各民主党派间是一种什么关系？③这种合作必须坚持的前提是什么？为什么？④是我国的多党合作好还是西方的两党制好？这样引出了本目应该让学生理解和升华的三个问题：①新中国成立后，我们国家为什么要建立"中国共产党领导的多党合作和政治协商制度"？②中国的政党制度的突出特点是什么？③是我国的多党合作好还是西方两党制好？学生讨论后，引用严复的一句话"制无美恶，期于适时"作为结论，说明制度本身并无好坏，只不过取决于当时的时代背景和各国的国情。引导学生形成正确的情感、态度和价值观。

在讲到历史必修Ⅱ《罗斯福新政》这一课时，关于经济危机爆发的原因，对于中学生而言，这部分内容稍显抽象，可利用创设问题情景的方式，由浅入深，逐步推进，帮助学生理解这一难点。

德国一位学者有过一句精辟的比喻："将15克盐放在你的面前，无论如何你都难以下咽，但将15克盐放入一碗美味可口的汤中，你就在享用佳肴时将15克盐全部吸收了。"情境之于知识犹如汤之于盐，盐需溶入汤中才能被吸收，知识需要融入情境之中才能显示活力和美感。因此，在教学中让学生得其"情"而进，观其"景"而入。在模拟的历史情景之中，让学生带着兴趣参与、带着情感体验、带着疑问思考，历史情景的运用将为历史学科教学带来更多的惊喜。

参考文献

［1］教育部师范教育司.历史课程标准研修［M］.北京：高等教育出版社，2004.

［2］齐健.历史课堂教学魅力"趣化篇"［D］.济南：齐鲁师范学院，2005.

［3］严权.创设最佳情境，优化历史教学［D］.陕西教育（教学），2008（Z2）.

浅谈中学历史教学中记忆方法的运用

深圳市龙岗区福安学校　林婉贞

历史知识纷繁芜杂，千头万绪，涉及面之广、内容之丰富，令许多学生"望史生畏"。准确记忆基础知识是学好历史的第一步，这是大家公认的。但很多学生把准确记忆理解为死记硬背，他们常说："我本来喜欢历史，就是害怕考试，内容那么多，真难记！"对于没入门的学生来说，常会感到无从下手："翻开书我什么都知道，可合上书就什么都不知道了。"可见，历史学科本来是有趣的，学生是喜欢的，并且也是学得懂的，他们担心的是记不住，害怕的是考试。如果有好的记忆方法，让他们能学得轻松、考得愉快，那他们还有什么理由不喜欢历史呢？本文以具体的课堂实例为切入点，谈谈中学历史教学中记忆方法的运用。

人教版《历史》九年级上册第四单元第十课的学习内容中，《新航路的开辟》这一知识点可归纳如下。

时间	支持国家	航海家	航线	航向
1487—1488年	葡萄牙	迪亚士	西欧—好望角	向东
1492年	西班牙	哥伦布	西欧—美洲	向西
1497—1498年	葡萄牙	达·伽马	西欧—好望角—印度	向东
1519—1522年	西班牙	麦哲伦	环球航行	向西

这些知识点都是要求学生掌握的，学生在听课的时候觉得知识简单，但是记忆起来却不容易。易错点主要集中在航行时间记不住、四位航海家航海的先后顺序易颠倒、东西线航路的支持国易混淆。

那么怎样才能让学生快速、有效地记住这些历史知识呢？这就需要教师在历史教学中对学生的记忆方法进行指导。史实虽然难记忆、易混淆，但只要学生理解地记、积极地记、而非硬记、生背，最后就能收到较好的效果，而不至如沙上写字——随风即逝。

方法一：字头法与谐音法结合记忆

即抽出核心字（多为首字），串在一起，使其既谐音，又有一定的意义。按开辟新航路的航海家的先后顺序、航行的方向以及支持的国家，分别是：

（1）迪亚士—向东—葡萄牙。

（2）哥伦布—向西—西班牙。

（3）达·伽马—向东—葡萄牙。

（4）麦哲伦—向西—西班牙。

抽出字头分别是迪、哥、达、麦（麦字与表字相似），谐音为"的哥打表"，这是乘坐出租车时对司机说的一句话，很容易记，记住了这四个字也就记住了航海家的名字和航海的先后顺序。而他们的航行方向依次是东西东西，往西航行的支持国都是西班牙，往东航行的支持国都是葡萄牙。历史知识是互相联系的，将历史知识放在整理联系中记忆，形成知识链，记忆会更加深刻牢固。

方法二：数理记忆法

即抓住年代本身的特征，探究数字之间的关系，增加易于联想的内容，可以收到意想不到的效果。在历史知识中，年代最难记，也最怕记。四位航海家的航行时间确实比较难记，但是如果把航海家的向东与向西航行时间分列如下，就可以发现它们之间的内在联系。

可以提示学生航海的水手难免要湿衣服（要湿：14；衣服：15），从而确定了年代的前两位数字，年代的后两位用图示解决：

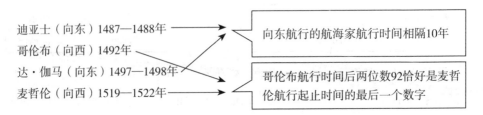

迪亚士（向东）1487—1488年 → 向东航行的航海家航行时间相隔10年

哥伦布（向西）1492年

达·伽马（向东）1497—1498年 → 哥伦布航行时间后两位数92恰好是麦哲伦航行起止时间的最后一个数字

麦哲伦（向西）1519—1522年

补充一：达·伽马有个马字，可以想象一下香港的赌马很厉害，香港回归是1997年。（14）97年减去10年就是迪亚士的航海时间。

补充二：哥伦布是第2个开始航海的航海家，所以他的航海时间最后一个数字是2。

此外，在历史教学中还可以运用其他的记忆方法，例如编歌谣、顺口溜等歌诀记忆法。此法记忆时生动轻松、朗朗上口、久久难忘，特别适用于中学生。因为中学生理解记忆能力还比较欠缺，侧重于机械记忆，如果把一些枯燥的知识编成顺口溜、歌诀，一定能收到良好的效果。如"581，隋建立；589，隋统一；开国杨坚隋文帝；灭国杨广隋炀帝"，这种方法对于激发学生的学习兴趣、提高机械记忆的效果大有好处，但它也不是万能的，培养学生的理解记忆能力更为重要。

历史学习要记忆的内容太多，有众多的人物、时间、地点需要记忆，给学生的学习带来很大的困难。记忆历史知识成了一件头痛、烦恼的事，学生学习兴趣锐减。因此，掌握一些历史记忆的方法、技巧是非常有必要的。而记忆方法的创造和积累，远不是靠某个人或某一天就能完成的，这个任务任重而道远，需要长时间地摸索与探讨、交流与思考才能创造出来。作为教师，除了在教学过程中辅以记忆方法的指导，更应该与学生一起集思广益，探索总结更多好的记忆方法。记忆的方法多种多样，在学习的过程中，学生要根据自己的实际情况选择适合自己的方法，做到"记忆有法，法无定法，能有收效，是为好法"。

运用观点冲突资料进行多角度历史教学

——对国外一些案例的思考

华中师范大学龙岗附属中学　秦耕耘

在倡导多元文化教育的大背景下，一些发达国家越来越注重多角度历史教学。而在具体的策略上，运用观点冲突的资料教学是一个非常常见的重要手段，这一点从课标、教材、教学设计到最终的学业评价都有详细体现。

一、国外课标中的体现

在《美国国家历史课程标准》第二部分（5～12年级）第二章中，对历史分析与历史解释能力进行了综述，其中批评了长期存在的"教科书就是历史"的传统，反对强迫学生寻找唯一的正确答案。在"学生从事历史分析和解释"的具体标准中，第一项就是比较互有冲突的历史叙述。

在《美国国家社会科课程标准》第一章中，明确提出有效的社会科教学应鼓励认同对立的观点，尊重得到多数人支持的见解，对文化的同一性和差异性具有敏感性，并能承担社会责任。《课程标准》的第五章还就这一标准给出了具体的案例——七年级学生研究1700年—1850年西半球的奴隶制度。在这篇案例中，学生被分为五个小组，分别代表不同的角色：奴隶、奴隶主、废奴主义者、政府官员、商人，并阅读观点冲突的背景资料回答以下三个问题。

（1）资料中对奴隶的问题持什么观点？

（2）作者是如何提出正面或反面的论点的？

（3）作者的论点对政府的政策意味着什么？

学生就此形成一篇立场鲜明的论文，准确表达自己所代表角色的观点，并努力反驳与自身立场相对立的观点。教师组织学生交流，反思自己立场的正确性。

加拿大安大略省历史（7～8年级）课程标准非常详细，在7～8年级培养研究技能与交流技能中，都有"能够分析并描述对某个历史事件相互冲突的观点"这一项，并举出具体的例子。

年级	地区	课程标准
7年级	新法兰西	能够分析并描述对某个历史事件相互冲突的观点（如阿卡迪亚的人口剧增），并给出事实例子与观点的例子
7年级	英属北美	能够分析并描述对某个历史事件相互冲突的观点（如爱国者与忠诚者如何看待英国对十三块殖民地采取的行动）
8年级	邦联	能够分析并描述对某个历史事件相互冲突的观点（如在贸易与防御问题上，英国与加拿大互相冲突的观点）
8年级	加拿大西部发展	能够分析并描述对某个历史事件相互冲突的观点（如太平洋丑闻）

澳大利亚《国家历史课程标准》在课程目标部分也有类似的体现：学生应能对不同的史料进行评判性思考，并学会对比不同的观点，正确评价相互矛盾和含混不清的史料。通过对历史分析的比较和对史料的批判性评价，历史教育将帮助学生成为一个具有民主意识的积极的公民。

通过对这些课标的分析比较可以发现，多角度历史教学是共同的认识，运用和分析观点冲突的资料也是常用的手段和策略。为什么要采用这种策略呢？采用这种策略又有何意义？概括地说有以下几点。

1. 受到多元文化发展的影响

美国、加拿大和澳大利亚同属移民国家。长期以来，不同种族群体对历史的看法不尽相同，有的甚至完全对立。20世纪60年代，美国民权运动和妇女运动的兴起冲击了传统文化的地位，对少数族裔和妇女的关注度上升，主流之外的历史观点越来越受到重视，对同一事件产生截然不同看法的现象增多。

2. 为了培养学生的思维能力和客观公正的价值观

当历史只有单一的解释时，学生获得结论后思考就终止了。所以，在单一观点之外，呈现出另一种截然不同的观点很有价值，最能刺激学生思考。通过对观点背后不同性别、身份、种族、信仰和动机的分析，学生的思考过程就形成了批判性思维。

3. 服务于公民教育的大目标

从本质上讲，历史教育是一种公民教育，为的是培养学生参与公民事务的能力，这是各国课程标准在开篇即明确说明的。如果没有历史，一个人就无法在多元的民主社会中成为一个负责任的公民。现实社会也存在很多观点矛盾与冲突的事件，从历史学习中获得的经验教训，可以使学生做出更加明智理性的决定。

二、国外教科书中的案例

以2009年版美国八年级教材《世界历史：古代到近代早期》为例，在教材后面附带的参考资料"技能生成指南"中，对比较分析观点冲突就有专门的小节进行分析。文中以刚果和葡萄牙对奴隶贸易的对立观点为例，先让学生阅读一段材料，再依据材料逐步引导学生如何分析观点。

（一）技能应用

1. 如何分析观点

策略1：在资料中找到和这个问题相关的特别观点。比如，葡萄牙希望通过商品贸易交换奴隶；刚果看到奴隶贸易的影响后，不愿再继续奴隶贸易。

策略2：想想为什么不同的人或群体会有不同的观点，他们重视的是什么，想要获得或者保护什么，愿意为此付出什么。

策略3：为什么不同的人对这个问题会有不同的观点，请就此写一个总结或者摘要。

2. 制作一个图表

制作图表有助于分析观点。下面是刚果和葡萄牙在这个问题上不同的观点。

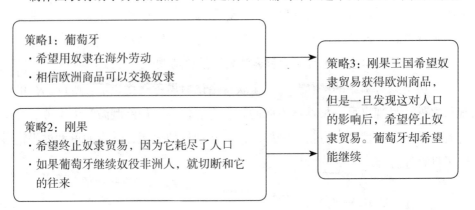

策略1：葡萄牙
·希望用奴隶在海外劳动
·相信欧洲商品可以交换奴隶

策略2：刚果
·希望终止奴隶贸易，因为它耗尽了人口
·如果葡萄牙继续奴役非洲人，就切断和它的往来

策略3：刚果王国希望奴隶贸易获得欧洲商品，但是一旦发现这对人口的影响后，希望停止奴隶贸易。葡萄牙却希望能继续

（二）技能实践

利用教材第17章第3小节"改革开始"，阅读第518～519页"对教会的批判"，制作图表分析改革家和天主教会的不同观点。

可以看出，这个策略的第一步是提炼观点，第二步是分析原因，第三步是总结归纳。而且后面两个步骤可以通过制作图表来完成，这样更加醒目易懂。这种策略姑且概括为"提炼分析，图表概括"法。在教会学生具体步骤后，最后一部分还充分利用课文已有的资源，让学生开展实践，就宗教改革中改革家批评教会和教会自身两种对立的观点进行分析。

三、国外教学设计中的案例

英国的朱莉娅·墨菲在《历史教学之巧》中有很多运用观点冲突资料的精彩策略。

策略17：好事、坏事和丑陋的事。给坐在教室一边的学生发一套关于某个人物或事件的史料，给另一边的学生发一套观点相反的史料，让学生单独或两人一组，写出史料的摘要或者列出自己的观点。然后让学生将这些信息总结，先让一边的学生说，再让另一边的学生说。不同史料可以引发出不同的观点。

策略38：讣告和墓志铭。评价一个历史人物时，可以让学生写一则讣告，叙述这个人物的各种信息。如果这个历史人物是个有争议的人物，例如奥利弗·克伦威尔，学生可以同时写两则不同的墓志铭分别表达不同的观点。

这两则策略都有一定的创新性，把本来普通的教学过程变成了充满趣味的情境。策略17不但让学生的思维得到训练，开阔了学生的眼界，还有力地向学生证明选择不同史料对一个人观点的重大影响；策略38采用了讣告的形式来评价人物，这对学生是一件有挑战的任务。因为讣告非常简短，要用几句话评价人物不是一件简单的事，但一旦完成后，学生会有很大的成就感，且印象深刻。

《审判杜鲁门》是美国中学非常经典的案例，其中最精彩的是模拟法庭的环节：

1. 案例描述

哈里·杜鲁门因反人类罪站在了审判台上，其罪名是在第二次世界大战中下令在日本的广岛和长崎两个城市投下了原子弹。

2. 单元目标

① 模拟法庭，审判杜鲁门在广岛和长崎投掷原子弹是否犯有战争罪，选两名学生代表做有罪陈述或者无罪陈述。

② 如果能够给出大量的信息和个人理由，三名扮演法官的学生代表将会形成一份一页纸的决议，宣判杜鲁门投掷原子弹是否构成了战争罪。

在学生代表陈述前，一定会阅读大量有利于自己的资料，也要阅读大量对手观点的资料，这样才能在法庭上获得优势。而且在阅读后，学生要根据资料提出自己的观点。在法庭辩论时，学生代表一定举出具体的例子来证明观点。这也符合历史教学中"论从史出"的要求。

四、考试评价中的案例

运用对立观点的资料进行命题也是国外考试中常见的一点，这里以英国一道史料分析题为例：

1. 1840—1895年的美国西部

材料一：

一个白种人对于大平原和印第安人的观点

我路过堪萨斯州辽阔的土地，那里有地球上最好的玉米地……没有任何东西可以帮助他们。上帝将要把这片土地给予能够征服和培育它的人们。

——来自霍拉斯斯格里市的旅行《从纽约到旧金山》，出版于 1859 年

材料二：

另一个白种人对于大平原上的印第安人的观点

对印第安人的承诺被无耻地打破了，我们发动对印第安人的战争是不必要和邪恶的。北美印第安人是生活在地球上的一个高贵健康的民族，却对土地没有任何的权利或法律来保护，被赶到印第安人保留区。在他们黑暗的历史中也有光明的一面，成千上万的他们曾野蛮或被描述为野蛮地认为将会发现《圣经》所说的快乐。我们将用《圣经》教化我们的红色兄弟。

——来自亨利·惠普尔的《明尼苏达主教》，写于 1880 年 11 月

材料三：

一幅描绘大平原的绘画《帝国的西进运动的进行》。（略）

材料四：

一个关于西部运动时妇女影响的观点。（略）

问题：

（1）阅读材料一，描述白人对于印第安人和大平原的态度。

（2）阅读材料一和材料二，分析材料二中白人对于印第安人和平原的态度有什么不同的观点？结合两个史料给出答案。

（3）为什么材料一和材料二给出不同的观点？结合材料以及你的知识回答该问题。

这道试题用两段对印第安人冲突观点的材料来命题，设问是对材料观点的提炼，要求把两种对立的观点进行对比，进一步追问观点对立的原因。要回答这个问题就必须分析这些人物的身份、信仰和动机，从而给出答案。试题往往具有导向性的作用，英国考试这样命题，想必也是对平时教学的一次检验。

参考文献

［1］赵亚夫.国外历史课程标准评介［M］.北京：人民教育出版社，2005.

［2］美国国家社会科课程标准［M］.高峡，杨莉娟，宋时春，译.北京：教育科学出版社，2008.

［3］赵亚夫.国外历史课程标准评介［M］.北京：人民教育出版社，2005.

［4］赵亚夫，唐云波.国外历史教育文献选读［M］.长春：长春出版社，2012.

［5］Douglas.world history：ancient through early modern times［M］.Mc Dougal Littell，2009.

［6］朱莉娅·墨菲.历史教学之巧［M］.张锦，译.北京：教育科学出版社，2009.

［7］程金华.英国普通中等教育证书（GCSE）历史学科考试探析［D］.上海：上海师范大学，2012.

拨开眼中的迷雾　拉近你我的距离

——谈历史与社会的生活化教学

深圳市龙岗区可园学校　朱　艳

随着新课程改革的深入，人与社会在生活化的渗透方面越来越突出。初中生正处于身心迅速发展和学习参与社会公共生活的重要阶段，处于人生观、价值观形成的关键时期，迫切需要在世界观、人生观和价值观的形成和发展上得到有效地帮助和正确地指引。为此，教师在教学中要密切联系生活实际，面向丰富多彩的社会生活，开发和利用学生已有的生活经验，选取学生关注的话题，围绕学生在生活实际中的问题，采用生活化的教学方法，帮助学生理解历史知识的同时，注重提高学生的社会适应能力和思想道德觉悟，下面仅以笔者自己的教学经历谈谈这方面经验。

一、以史学为鉴，让学生在历史教学中汲取精神营养

作为教师，笔者深刻体会到"教书"更是为了"育人"，所以在日常教学中用心渗透与教学知识相关的思想品德教育，将空洞的教育变成具体形象的教育，使学生长期潜移默化地受到教育的影响。在教学中和学生分享从原始社会到现代文明人类历史的进步，分享中华民族从列强侵华中的饱受蹂躏到新时期经济腾飞的扬眉吐气，分享唐宗宋祖的睿智、魏孝文帝的魄力、孙中山鞠躬尽瘁死而后已的奉献精神、毛泽东的伟人魄力、周恩来的外交风采、彭德怀的英勇无敌……总之，在教学中努力做到让历史与现实生活相结合，让历史为生活服务，让学生从历史中体会中外差异，感受时代进步，让历史教给学生为人处世的方式。我认为，历史课最重要的职能不是给予学生多少专业知识，更在于学生的精神世界里留下更多闪光的内容。

二、以史为乐，让历史课堂成为丰富的活动场

"兴趣是良好的开端"，学习的兴趣是促使学生主动参与学习的前提。学生对某一门功课的兴趣越强，其学习的主动性、自觉性越强。

在教学《新航路开辟》前向学生提出："你们能否多人合作，通过自己先看书、查阅一些辅助史料，以课本为'剧本'，模拟一场《新航路开辟》的历史场景？"到了上课时，在历史课代表的带动下，居然全班都出动了。他们分别代表四位航海家和他们的船员，表演他们探险的过程以及到达非洲、美洲、亚洲的所作所为，表现得有声有色，使生疏的航海过程具体化，使难理解的新航路开辟的影响变得容易理解。如此教学，打造出生活化的课堂、活动化的课堂。这样的课堂能充分体现学生的主体意识，使学生学到有生命的历史，真切感受到鲜活生命力的涌动和创新思维力的爆发。

三、巧用课件，恰到好处引思考

平时在看电视和上网时，发现很多视频、图片、歌曲能成为课件里的好素材。图片和视频不仅生动、形象、幽默，而且包含着丰富而深刻的道理，发人深思，回味无穷。在教学中恰当运用有创意的课件会使课堂情趣盎然、气氛活跃，收到事半功倍的效果。例如，在讲《民族工业曲折发展》时，把电视剧《闯关东》中的一些视频和图片用在课件中，让学生思考：①20世纪初，朱开山为什么从山东到东北谋生？②最后朱开山被迫将"山河煤矿"炸毁，这反映近代民族工业发展中最大的障碍是什么？有了这段视频的引入，学生的学习兴趣倍增，立刻投入激烈地讨论中。

四、借助课外小制作，提高兴趣

利用课外时间带学生参观博物馆、科技馆，看到很多历史遗迹都可以拍下来，把图片保存下来作为上课的资料。也常常建议学生在上课前搜集长辈的老照片、老邮票，以及年代久远的影视资料，上课时让他们把这些作为课外学习成果展示出来，大大激发了学生的学习兴趣。为了发现不同学生的闪光点，还鼓励学生通过绘画、手工制作、制作课件等多种方式展示自己的才华。通过这些课外小发明，学生学习的积极性明显提高。

第三篇

教学案例

3

大萧条与罗斯福新政

深圳市龙岗区布吉高级中学　高　蕊

【课程标准】

了解1929至1933年资本主义世界经济危机爆发的原因、特点和影响，认识罗斯福新政的历史背景。

列举罗斯福新政的主要内容，认识罗斯福新政的特点，探讨其在资本主义自我调节机制形成中的作用。

【学情分析】

1. 通过半个多学期的学习，高一学生已经基本适应了高中历史学习的习惯，具有了一定的知识储备和自主学习的能力。因此，一些问题可以通过预习和自主学习来解决，突出重点和难点的分析。

2. 从高中生的认知特点和心理发展特征来看，高一学生的思维方式正由形象思维向抽象思维过渡，已经初步具有了用抽象符号进行逻辑思维的能力。但历史教学不能过度强调逻辑分析，还要注重历史学习的生动性，以激发学生学习历史的兴趣。

3. 高中生有较强的求知欲，不再满足于教师照本宣科式地讲解。因此要注意结合现实问题，激发学生的兴趣和创造力。资本主义经济的有关问题和概念比较抽象，学生难于理解，所以学习时需要合理设计情境，充分调动学生学习的积极性，需要运用一些形象生动的图片、录像、文字、漫画等素材，帮助学生理解学习。

【教学目标】

1. 知识与能力。了解1929年资本主义世界经济危机爆发的原因，理解罗斯福新政的主要内容。通过对这次席卷资本主义世界经济危机的爆发原因、特点和影响的分析，认识罗斯福新政的背景；通过对罗斯福新政的内容和作用的探讨、归纳与概括，培养学生历史思维能力，如上层建筑与经济基础的辩证关系，实现以古鉴今的教育功能。

2. 过程与方法。①通过学生的主动参与，不断加深对历史和现实的理解；通过对史料的分析，培养学生"论从史出、史论结合"的历史唯物主义思维方式；通过角色扮演，体验从不同角度发现问题，养成独立思考的学习习惯和独立解决问题的能力。②高度关注生情，以启发式教学为主，巧妙设置情境、材料和问题，激发学生探索欲望，启发学生思维，并对学生在探究过程中的表现给予及时且中肯的评价。

3. 情感、态度与价值观。通过学习罗斯福应对危机的措施，培养学生以人为本、关注现实、锐意改革、积极进取的人生态度和迎难而上、战胜困难的精神。

通过探究罗斯福新政对当前全球性的金融危机和中国汶川灾区救济工作的借鉴作用，培养学生汲取经验、善于学习的开放意识，帮助学生懂得在建设中国特色的社会主义过程中如何借鉴资本主义的先进经验，同时让学生感悟今天改革开放道路的正确性。

【教学重难点】

重点：罗斯福新政的内容及影响。新政中国家对经济加强干预的政策，不仅成为现代美国国家垄断资本主义经济制度的开端，而且对其他许多国家经济政策的发展都产生了重要影响。通过这一内容的学习，使学生认识到罗斯福新政对生产关系的局部调整，缓解了经济危机。这正是历史唯物主义理论中上层建筑对经济基础反作用的具体体现，有助于培养学生运用唯物主义观点分析历史事件的能力。

难点：探讨1929年经济危机爆发的原因。经济危机是使资本主义社会无法根治的一块顽疾，至今仍困扰着众多资本主义国家。其成因比较复杂，在教学过程中要利用情景的创设层层推进，帮助学生理解这一问题。另外，学生有可能产生罗斯福新政可以根除经济危机的误解，通过分析经济危机爆发的根源，消除这种误解。

【教学方法】

1. 教法：本课的思路是将经济大危机喻为美国社会的一次重病。然后依照了解病情—查明病因—对症下药—评价疗效—学以致用等环节培养学生从了解问题、分析问题、解决问题、活学活用的能力。其间灵活运用问题式教学法和情境创设法、体验探究法等多种教学方法以充分发挥学生的主体地位。

2.学法：自主学习法和合作探究法。

【课时安排】

1课时。

【课前准备】

教师方面：收集文字、图片、视频资料，制作多媒体课件以辅助教学；预设课堂教学方案。

学生方面：预习，积累一定的知识储备；上网或到图书馆搜集有关1929年经济大危机、罗斯福新政内容和当前全球金融危机的相关资料。

【教学过程】

（一）导入新课

一个中国老太太和一个美国老太太在天堂相遇。中国老太太说："我攒够了30年的钱，晚年终于买了一套大房子。"美国老太太说："我住了30年的大房子，临终前终于还清了全部贷款。"这个故事曾经震惊很多国人，让很多人都在反思自己的消费方式，但凡事皆有一个限度，过度的超前消费让美国人惹上了麻烦。2007年开始，美国次级住房抵押贷款危机引发了美国的金融危机。

（二）两则材料

材料一：

2008年9月15日，美国金融系统的巨变带来了近七年以来华尔街最糟糕的一天，最终创下了2001年9·11恐怖袭击后的最大单日跌幅。从退休金计划、政府养老保险基金和其他投资，大约7000亿美元从市场蒸发。

材料二：

美国五大投资银行，贝尔斯登、雷曼破产；美林被收购；高盛和摩根士丹利被银行控股。

9月中旬，美国总统布什针对美国的金融危机说道："毫无疑问，华尔街是喝醉了，现在正处于熟睡期间，问题是它什么时候醒过来……华尔街何时醒来、是否会酒精中毒我们还不知道，但在上个世纪，资本主义国家曾经经历了一次迄今为止最重伤病，很多人甚至一度认为资本主义制度就要灭亡。"

（三）讲授新课

第15课　大萧条与罗斯福新政

（一）了解问题

了解"病情"——经济大危机的表现、影响、特点。

1. 表现

播放录像片断：1929年—1933年美国经济危机。

2. 影响

情景再现：通过不同国家工人对经济危机的评论，阐述经济危机的影响。

地点：英国利物浦的货运码头。

英国搬运工：看看这些从美国来的货物，这些美国佬把他们在美国卖不出去的东西运到咱们英国了，但是我们现在连自己生产的商品都买不起，怎么会有钱买美国的东西呢？不过，咱们的首相已经不顾美国总统的反对，把英国的关税提高了3倍，让英镑贬值了50％。我们还想把英国的商品买到美国市场中去呢。

地点：柏林街头。

德国工人：魏玛政府太无能了，他们就会裁员，发放那什么都买不到的救济金。我们的煤矿也让法国给占了。如果不是那场战争，我们德意志民族也许生活的要比现在好得多，都是资本家搞的鬼！不过，现在有一个叫什么纳粹的政党好像在宣传"社会主义"，他承诺让我们工人分享权利，提高农民的地位，让我们有面包和啤酒，我的很多工友都加入这个政党了。

3. 特点

探究：根据了解的经济危机的"病情"总结本次经济危机的特点。

学生回答，教师总结。

重点提示：来势猛、范围广、时间长、破坏性强。

（二）分析问题

查明"病因"——经济大危机的原因。

探究：经济危机的"病因"在哪里？

情景再现：发生在20世纪30年代初一个美国煤矿工人家的场景：天寒地冻，北风呼啸，一个穿着单衣的小女孩蜷缩在屋子的角落里。"妈妈，天这么冷，为什么不生起火炉呢？"妈妈叹了口气，说："因为我们家里没有煤，你爸爸失业了，我们没有钱买煤。""妈妈，爸爸为什么会失业呢？""因为煤太多了。"

学生得出结论：生产和销售的矛盾是经济危机爆发的具体原因。

提问（教师进一步引导）：煤是否真的太多了？出现上述状况的根源是什么？

指导学生阅读第76页第2段和第3段，学生讨论，教师总结。

重点提示：经济危机的根源是资本主义的基本矛盾，即生产的社会化与生产资料的私有制之间的矛盾，同时强调经济危机对资本主义社会而言无法根除。

提问：分析生产和销售的矛盾被什么所掩盖？

学生回答，教师总结：过度的股票投机加剧了金融市场的不稳定，进一步诱发了经济危机的爆发。

（三）解决问题

对症"下药"——罗斯福新政的内容。

1. 胡佛"治病"

提问：面对生产和销售的矛盾，胡佛政府采取了什么措施为美国经济治病呢？为什么会失败？你认为应该怎样做？

指导学生阅读第78页第1段和第2段。

学生讨论得出结论：应用国家的力量把生产压下来、把销售提上去。

2. 罗斯福"治病"

（1）稳定人心。

材料一：

第32任总统罗斯福说："真正让我们感到恐惧的只是'恐惧'本身。"

材料二：

"……政府必须给这些不幸的公民以援助——不作为一桩慈善事业，而作为一种社会义务。"

提问：通过材料可以看出，与胡佛的绝望相比，罗斯福有何不同？

重点提示：与胡佛的绝望相比，罗斯福给人们以信心，并更重视政府的力量。

（2）具体措施。

探究：假如你们是罗斯福的"智囊团"，请针对美国当时的"病症"为他出谋划策，开出新政药方（分组讨论，共同探究，并扮演金融会委员、工业发展会委员、农业发展会委员、社会福利会委员）。

学生分组合作讨论，教师补充，并进一步推导出罗斯福新政的具体内容。

3. 举行听证会

问题1：新政为何首先从金融业着手？有什么积极作用呢？

问题2：《全国工业复兴法》为什么要求工业、企业确定各自的生产规模？为什么要规定工人的最低工资和最高工时？

问题3：为什么要减少耕地面积和农产品产量，这会对农民生活造成很大影响吗？

问题4：为什么在实行社会救济的同时要推行"以工代赈"呢？

重点提示：这是本课的重点内容，要注意结合金融、农业、工业、社会福利等方面面临的问题，进一步推导出罗斯福新政的具体内容。但在这个过程当中，有部分学生可能只急着找出答案，对各种措施的细节还一知半解，所以通过开听证会答记者问的形式，进一步加深学生对新政内容的理解。让学生在探究、讨论、得出结论和融会贯通的过程中更深刻地认识罗斯福新政的内容及其在资本主义运行机制调节中的作用。

理论反思：胡佛失意，罗斯福得意。

说明自由放任的传统经济策略开始受到质疑，主张国家对经济进行干预和调节的凯恩斯主义兴起。

（四）得出见解

评价"疗效"——罗斯福新政的评价。

探究：1933年—1939年的罗斯福新政对美国乃至世界历史产生了重大影响，但对罗斯福新政的评价历来众说纷纭，莫衷一是。

阅读资料，分组讨论：如何评价罗斯福新政？

材料一：

从1935年开始，美国几乎所有的经济指标都稳步回升。1936年底，美国工业总产量超过危机前的年平均数，农业生产也有较大恢复。到1939年，基本恢复了国民对资本主义国家制度的信心。

材料二：

罗斯福太迁就工人，是敲富人的竹杠；《社会保障法》是从《共产党宣言》中抄来的，指责罗斯福要搞社会主义。

材料三：

"作为一个国家，我们拒绝了任何彻底的革命计划，为了永远地纠正经济制度的严重缺点，我们依靠的是旧民主秩序的新运用。"

——罗斯福

分析材料一提问：

材料表明罗斯福新政的作用是什么？得出新政的直接影响：美国逐渐从经济危机的阴影中走了出来，社会生产力在一定程度上得到恢复。

分析材料二提问：

（1）哪些人的生活有了改善，这样做的优点是什么？得出新政的间接影响：在很大程度上缓和了美国的社会矛盾，巩固了资本主义统治。

（2）新政的主要服务对象是哪个阶级？但同时要让学生搞清楚，新政的根本目的是维护资产阶级的利益。

分析材料三提问：

（1）所谓"彻底的革命"是指什么？"旧民主秩序"如何理解？"新运用"又如何理解？罗斯福新政的实质是什么？推导出新政的深远影响：开创了国家干预经济的新模式，二战后被一些资本主义国家借鉴。新政的实质是资本主义生产关系的局部调整。

（2）新政能否如罗斯福所愿"永远地纠正经济制度的严重缺点"？得出社会是不断发展的，故罗斯福新政不可能彻底根除美国经济的所有问题。

学生讨论回答，教师总结、归纳。

重点提示：使学生学会评价历史事件的方法，掌握从资料中提取有效信息的能力。

（四）巩固拓展

1. 巩固练习

1.（2007深圳二模）1923年—1929年在任的美国总统柯立芝说："既然只有富人才是有价值的，因此政府应该谨防多数人的意见。由于贫穷是罪恶的报应，政府便不应该向高尚的富人征税，以援助卑贱的穷人。由于富人最了解他们的利益所在，政府便不应该干预他们经营的企业。"对柯立芝上述观点的认识，不正确的是（　　　）。

A. 维护资产阶级利益　　　　　B. 加剧贫富分化，激化社会矛盾

C. 压制民意，破坏民主制度　　D. 为经济危机的爆发埋下伏笔

2.（2007汕头二模）1933年美国通过的《工业复兴法》规定："雇主不得以工人参加何种工会为雇用条件；必须遵守工时……工资限额。"此规定的真实目的是（　　　）。

A. 经济危机迫使美国放弃自由企业制度，但最终目的是保存资本主义制度

B. 为了保障工人的民主权利，实现真正的民主

C. 社会危机十分严重，所以要缓和阶级矛盾

D. 保障就业，增加工人收入，刺激消费，缓和危机

3.（2007惠州二模）下列关于罗斯福新政的说法不正确的是（　　　）。

A. 突出的特点是采取国家干预经济的政策

B. 指导思想是放弃胡佛坚持的资本主义自由企业制度

C. "以工代赈"扩大了内需

D. 首要措施是整顿金融，核心是调整工业

4.（2007合肥二模）美国第31任总统胡佛说："我们已经到了山穷水尽的境地，我们无能为力了。"但第32任总统罗斯福却说："真正让我们感到恐惧的只是'恐惧'本身。"为克服恐惧，罗斯福采取了（　　　）。

①复兴工业，防止盲目竞争引起生产过剩；②增加农产品产量，改善农民生活；③加强国家对经济的干预，实行国民经济国有化；④下令银行暂停营业，恢复其信誉。

A. ①②④　　　　B. ①②③　　　　C. ②③④　　　　D. ①④

5. "新经济政策"与"新政"的相似点是（　　　）。

①都面临严重的经济困难；②中心都是调整工业；③国家都以法令和政策干预经济；④都通过税收政策解决余粮问题。

A. ①③　　　　　B. ③④　　　　　C. ②③　　　　　D. ②④

2. 知识拓展

自主探究：2008年5月12日，中国汶川地区发生大地震造成重大损失，通过学习罗斯福新政中的社会救济和以工代赈，你对我国汶川地震后社会保障有何

建议。

（五）结语

虽然1929年的经济大危机已过去了80多个年头，但强调政府对经济进行调节的罗斯福新政和凯恩斯主义理论对今天资本主义社会仍然具有一定的借鉴作用。为防止瘟疫般的次贷危机最终摧毁美国称霸世界的力量工具——华尔街金融巨头，布什政府干脆赤膊上阵，开出了8000多亿美元的救市款，给摇摇欲坠的金融体系进行输血。不仅如此，由美国、英国、法国、德国、意大利、日本和加拿大组成的七国集团，也表示为应对"全球性的严重金融危机"展开"认真"合作。可以说，这是自1929年以来最大规模的经济干预，无论最终结果如何，都将对21世纪的经济理论与经济政策产生重大而深远的影响。而作为拥有美国国债数量较多的中国，面对这场全球性的金融危机，我们要保持本国经济的稳固发展，要努力在"危险"中寻找"机遇"。

（六）板书

一、了解"病情"——经济大危机的表现、影响、特点。

二、查明"病因"——经济大危机的原因。

三、对症"下药"——罗斯福新政的内容。

四、评价"疗效"——罗斯福新政的评价。

北美大陆上的新体制

深圳市龙岗区布吉高级中学　姜少梅

【课程标准】

说出美国1787年宪法的主要内容和联邦制的权力结构，比较美国总统制与英国君主立宪制的异同。

【学情分析】

高一学生在初中已经学过美国的独立战争、南北战争等，有了一定的基础知识。美国是当今世界综合国力最强的国家之一，学生对美国较熟悉，易于激发兴趣。另外，高一学生已有一定的自主学习能力，有强烈的求知欲和表现欲。只要创设良好的教学情境，学习的积极主动性较易被调动起来，育人效果尤为显著。

【教学目标】

1. 知识培养目标：了解和掌握1787年美国宪法制定的背景、主要内容和原则；正确评价1787年美国宪法。

2. 能力培养目标：培养学生阅读文字史料，把握有效历史信息的能力；通过角色体验等方法，使学生深刻理解1787年美国宪法所蕴含的三大原则；培养学生通过比较、概括、分析自主得出历史结论的能力。

3. 情感态度和价值观目标：感悟美国政体对人类政治文明发展的启迪，分享这一过程积累的宝贵财富，为我国的社会主义民主法治建设提供宝贵借鉴。

【教学重难点】

重点：1787年美国宪法。

难点：分权制衡原则。

【教学理念】

建构主义的教学理念，即注重创设情景，激发学生兴趣，用讲故事的方式寻找历史的味道，不断提出问题，引发学生的头脑风暴，提高学生的能力，完善学生的人格。

【教材处理】

立足于课程标准，大胆整合教材重难点，重组教材结构。教材讲述了1787年美国宪法的背景、内容和原则；南北战争以及联邦制的巩固、美国两党制的形成与发展。在授课时，围绕着本课重难点，鉴于只有一节课的时间，做出以下调整：

1. 将第三部分"维护联邦统一的斗争"放在1787年美国宪法联邦制的局限性里面。

2. 将第四部分"两党制"放在人民主权原则后面。

3. 将比较美国总统制与英国君主立宪制的异同放在学案里面，作为课后探究作业完成。

【教学过程】

（一）导入新课

由歌曲、小雕塑——自由女神像、美国国旗式的丝巾、形象直观的地图和图片，让学生远观美国、走近美国，感受到浓浓的美国风，由活生生的现实引发学生的头脑风暴。到底是什么原因造就了美国今天如此的辉煌呢？为什么马克思称赞美国是"最先产生了伟大的民主共和国思想的地方"，是"最完善"的现代国家呢？引入今天的学习内容——第9课《北美大陆上的新体制》。

（二）讲授新课

师：北美大陆我们已经清楚了，但新体制是怎么回事？难道还有旧体制？请大家插上想象的翅膀，飞越世界最辽阔的海洋，穿越美国的历史。1607年，三艘帆船满载着饱受迫害的英国清教徒来到北美，建立了第一块殖民地弗吉尼亚。后来，越来越多的移民来到北美，建立了13块殖民地。1775年，来克星顿的枪声——独立战争打响。1776年，英属北美13块殖民地宣布独立，美利坚合众国诞生。（PPT展示）

师：美国诞生了，独立之初的美国实行的是怎样的制度？效果如何？美国梦实现了吗？请同学们用快速阅读的方法阅读第39页第1~3自然段。

生：邦联制。特点是松散、软弱无力。

师：此时的美国是典型的头小、身子大。主权在州，中央政府无权、无钱、无兵，是一个典型的"三无"政府。就像鸦片战争后的近代中国一样，内忧外患。外有英国、西班牙的威胁，内部岌岌可危，甚至爆发了独立战争的老兵——谢斯领导的农民起义，美国梦碎成一地。美国的政治家们，尤其是华盛顿意识到必须要变革，必须要改革政治体制，重续美国梦。怎样变革？变革的目标是什么？

生：既要有一个强有力的中央政府，又要确保共和制，避免专制独裁。

师：鱼与熊掌不可兼得。而美国偏要一箭双雕，既像小国那样自由和幸福，又像大国那样光荣和强大，没想到竟然梦想成真。原因何在呢？

生：人才，如华盛顿、富兰克林、杰斐逊。理论来源于孟德斯鸠的分权理论。

师：还有什么独特的历史原因吗？美国没有专制的历史，一张白纸可以画最美的图画，一张白纸可以写最美的文字。

小结：1787年美国宪法制定的历史背景。

（1）必要性：独立后的美国，邦联政府软弱无力，面临窘境。

（2）变革：既要有一个强有力的中央政府，又要确保共和制，避免专制独裁。

（3）可能性：①理论来源：孟德斯鸠的分权理论；②历史借鉴：18世纪英国君主立宪制的完善，而美国没有封建专制的历史包袱。

师：万事俱备只欠东风。1787年夏天，费城制宪，构筑美国梦。这年夏天，费城特别炎热，为了保密，窗户不能开，假发照样戴，礼服照样穿，更难熬的是代表们围绕三大问题争吵不休。问题一：邦联政府权力有限，各州权力过大；问题二：防止政府专制；问题三：保障人民主权。很多代表处于崩溃的边缘，华盛顿在信中说大会"已经糟到无以复加……我对大会不抱任何希望"。但各方经过史无前例的妥协、让步，以及569次的表决，最终达成了共识。费城之夏，127个日日夜夜，1787年美国宪法终于新鲜出炉，而且历久弥新，到现在未改过一个字。这正如很多事情，包括同学们的学习，过程往往是痛苦的，但结果往往是甜蜜的。（情感教育）接下来，我们一起来品尝1787年宪法甜美的果实。

（先指导学生用快速阅读的方法看第40页第1～3自然段，宏观把握，看1787年美国宪法是否解决了上述三大问题）

1. 联邦制政体

师：联邦制政体下，主权在哪？联邦政府拥有哪些权力？地方各州拥有哪些权力？

生：主权在中央，即联邦政府。联邦政府权力大，拥有立法、司法、财权、军权等主权权力。其余未列明的权利都属于各州或者人民，各州保留一定的自主权。

学生完成下表。

	邦联制	联邦制
主权归属	各州保有主权	
中央权力	有限	
地方权力	权力大	

师：联邦制实现了中央集权。从表面上看，地方的权力不大，但实际上地方各州的权力仍然较大。2004年，我到加州培训，发现加州有自己独特的教育标准。美国各州的州税也千差万别，如阿拉斯加、俄勒冈等五个州没有州税，而加州则达到了19%。前加州州长、好莱坞动作巨星施瓦辛格公开与小布什唱反调，通过加州的温室减排方案。美国地方的权力跟中国古代不可同日而语，中国古代从秦代开始到宋代，实现了中央对地方的绝对统治。

师生互动：联邦制的评价。

积极作用：①稳定统治秩序，缓和了中央和地方的矛盾；②保留了地方一定的自治权，有利于调动地方的积极性。

局限性：各州权力过大，为地方对抗中央提供了可能性，为美国内战埋下伏笔。

美国内战结束后，宪法第14条修正案进一步肯定了联邦法律的至上性，为国家统一和联邦制的巩固提供了宪法的保障。（PPT展示）

2. 三权分立的原则

材料一：

"在设计一个由人来统治人的政府时，最大的困难在于你先得让政府有能力控制百姓，接下来你还得让它能控制住自己。"

——麦迪逊

师：请思考美国如何克服材料中的"最大困难"？如何让它能控制住自己？

生：实行三权分立。联邦政府分为行政、立法、司法三个相对独立的部门，分别由总统、国会、联邦最高法院行使。

师：美国是世界上第一个完全彻底地实行三权分立或分权制衡的国家。

情景模拟：

假如您是美国总统，请您回答如下问题。

1. 请问您有什么权力？

2. 请问您如何对另外两个权力机构进行制衡？

假如您是美国国会议长，请您回答如下问题。

1. 请问您主要拥有什么权力？

2. 请问您是如何对另外两个权力机构进行制衡的？

假如您是最高法院大法官，请您回答如下问题。

1. 请问您拥有哪些权力，任期有多久？

2. 请问您是如何对另外两个权力机构进行制衡的？

（学生答完后，教师再演示《三权分立、制约与平衡关系示意图》，加深对它的理解）

师：这是世界上第一个真正实践了孟德斯鸠分权制衡理论的国家，与中国游戏中的石头、剪刀、布单向制约的游戏和通过分权达到集权的隋唐三省六部制等截然不同。

美国真正实现了司法权独立。美国最高法院2015年度被认为是近年来最激动人心和极具戏剧性的一年。以6票赞成3票反对支持奥巴马医疗改革法案，以5票赞成4票反对支持同性婚姻在全美50个州合法化。（PPT展示）

总统、国会、联邦最高法院三者虽然独立平等，但总统是权力中心，美国是世界上第一个实行总统共和制的国家。那么，什么是总统制呢？

生：总统既是国家元首，又是政府首脑，还是军队的总司令。总统向选民负责，不向议会负责，处于联邦政府的权力中心。

师：美国第一任总统是华盛顿，他只连任两届，就像当初他拒绝称王一样地退休，回到他的农庄。美国历史上唯一突破两届任期，在他任职期间总统权力迅速扩大的是哪位总统？

生：罗斯福。

师：大危机、二战时期，身残志坚的美国总统罗斯福看起来风光无限，他是否可以为所欲为了呢？（PPT展示）

材料二：

"人类千万年的历史，最为珍贵的不是令人炫目的科技，不是浩瀚的大师们的经典著作，不是政客们天花乱坠的演讲，而是实现了对统治者的驯服，实现了把他们关在笼子里的梦想！我现在就是站在笼子里向你们讲话。"

——美国总统小布什2004年国庆日演说

师：三权分立实现了对统治者的驯服，实现了把他们关在笼子里的梦想。总统是怎样讲话的？为什么？

生：总统是"站在笼子里向你们讲话"。总统受到了国会、最高法院、人民的制约和监督。

师：总统不能为所欲为，总统也无奈。尼克松因为"水门事件"下台；克林顿因"拉链门事件"吃上官司，令希拉里蒙羞。（PPT展示）

3. 人民主权原则

师：人民主权的含义是什么？有何表现？（PPT展示）

生：人民主权或称主权在民，其核心是指国家权力来源于和最终属于人民。

表现：总统、国会的议员由选民选举产生，均实行任期制。

机构	任期	产生方式	产生方式
参议员	6年	各州两名	间接
众议员	2年	人口比例	直接
总统	4年	选举人团	间接

师：参议员各州两名，无论州的大小，照顾了小州的利益。而众议员按照人口比例直接选举则照顾了大州的利益。美国总统由选举人间接选举产生。

美国总统选举、参议员和众议员选举、州长选举、市长选举等，都受民主党和共和党两党制操纵，两党制成为美国分权制衡体系中的重要组成部分。

小结：1787年美国宪法的原则和内容。

原则	内容
联邦制原则	联邦政府拥有最高主权，各州保留较大的自主权
分权制衡原则	总统（行政权）、国会（立法权）、最高法院（司法权）
人民主权原则	总统、议员由选举产生

（三）师生互动升华

通过这节课，我们学到了现代政治中很多智慧，如妥协、务实、创新、包容、共赢、理性等。理性、有原则性地妥协尤为重要，美国就实现了中央与地方、大州与小州、南方与北方的妥协。美国的创新尤为突出，成为世界上第一个联邦制的总统制共和国。

（四）课外推荐阅读书目

刘瑜的《民主的细节》、易中天的《美国宪法的诞生和我们的反思》、王希的《原则与妥协——美国宪法的精神与实践》

（五）课堂小结

第9课　北美大陆上的新体制——美国的民主政治之梦

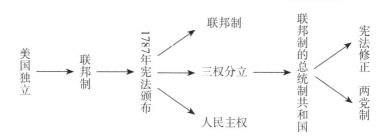

【情感教育】

自由平等是人类共同的梦想，我们要根据国情，大胆吸收借鉴人类一切优秀的文明成果。今天我们已经一起感受了美国梦，如果你长大后有一天亲自踏上美利坚的土地上，实地体验美国梦。当你回到中国的时候，你会更加努力地建设、完成我们的中国梦！梦在延续，让历史飞！祝同学们梦想成真！

【教学反思】

《北美大陆上的新体制》一课从授课过程看，贯通古今中外，较为充分地调动了学生参与的积极性，基本实现了教学的初衷即注重创设情景，加强了学生的情感教育。但因种种原因还存在一些需要提高和完善的地方，真的是学无止境、教海无涯。

新航路的开辟

深圳市龙岗区可园学校　朱　艳

【课程标准】

教育要面向世界、面向未来、面向现代化，强调为学生提供学习经历并获得学习经验的课程理念。教师本着"以学生发展为本"的理念，从改变学生学习方式、改进学习训练方式入手，和学生共同完成了"新航路的开辟"任务。

【教学目标】

1. 知识与技能目标：能说出新航路开辟过程中的人物、航线、国家。

2. 过程与方法：通过学习新航路开辟的原因和条件等内容，学会从主观和客观两个方面把握历史现象发生的原因。

3. 情感态度和价值观：学习新航路开辟的过程，培养不畏艰险、勇于开拓的精神。由指南针在航海中的广泛应用引发学生的民族自豪感。

【教学重难点】

重点：新航路开辟的过程。

难点：新航路开辟的原因和条件。

【教学方法】

1. 教法：启发引导和情境创设法。

2. 学法：比较学习、小组讨论、归纳法。

【课前准备】

多媒体课件。

【教学过程】

教学过程	教师	学生
导入	播放影片导入	观看影片
历史再现	出示航线图和表格,引导学生回答最早进行新航路开辟的是哪两个国家,构成十五六世纪新航路开辟壮举的是哪几位著名航海家?重现当年的路线	小组讨论,配合教师分组分别代表四个航海队,上台阐述新航路开辟的过程,并完成表格的填写
探根问底	西欧人为什么热衷于新航路开辟?教师给出材料让学生分析	阅读材料回答问题
	假如你是当时的一位航海家,要具备怎样的条件才可以远航?分析新航路开辟的主客观条件	学生发挥想象力以及阅读书中图5~27回答问题
妙笔生花	新航路的开辟给人类带来了哪些积极影响	小组讨论,阅读课本归纳
小结	由于欧洲对黄金的追求和对东方贸易的需求促成了新航路的开辟,而新航路的开辟也加强了各大陆之间的联系,拓展了眼界,促进了文明的传播与交融	学生总结(视时间而定)
课后拓展	比较郑和下西洋与新航路的开辟。这些航海对后来的中国和世界产生了怎样的后果	留做作业

【教学设计】

1. 课程分析。从背景到过程,再到影响,条理清晰。但本课内容叙述的时间跨度大,空间范围广,涉及欧、亚、非、美洲广大地区,有一定难度。如何体现学生在课堂的主体地位、如何有效落实新课程三维教学目标、如何有效进行信息技术与历史课程内容的整合是本节课主要解决的问题。

2. 学情分析。本课线索清晰,即新航路开辟的原因与条件、新航路开辟的经过和新航路的影响。

3. 教学结构说明。运用现代信息技术,依据教学目标,创设和谐、宽松、民主的教学环境,有目的、有计划地组织教育活动。通过创设情境等方法启发和引导,把学生培养成能够自主地、创造性地进行认知和实践活动的主体。具体教学策略如下。

(1)采用情景设置、体验感受的学习模式,引导学生有效参与,使学生在参与和体验中获取知识、培养能力、生成感悟。

（2）突出学生在课堂上的主体地位。本课关于新航路开辟的背景、过程和影响等知识都尽量使学生在教师有效的策略激发下自主探究得出，培养其兴建知识的主动性和思考的积极性。

（3）有效进行信息技术与本课内容的整合。

新文化运动

深圳市龙岗区福安学校　林婉贞

【教学目标】

1. 知识与技能：了解新文化运动的历史背景、代表人物及其论著，掌握新文化运动兴起的标志、主要内容与影响，培养学生的分析归纳能力和思辨能力。

2. 过程与方法：通过创设情境、小组讨论、自主学习等方法，引导学生在感悟历史的基础上学习理解知识，达到情感的升华。

3. 情感态度和价值观：促使学生对我国的传统文化形成正确的态度，取其精华，弃其糟粕，热爱我国优秀传统文化。学习新文化运动代表人物勇于解放、勇于探索的精神，以及对国家、民族表现出的责任感和使命感。

【教学重难点】

重点：新文化运动的主要内容和意义。

难点：新文化运动的影响。

【教学过程】

（一）名人评价，导入新课

材料一：

中国有这么一所高校——

原国家主席江泽民称其是国家革命和建设的摇篮；

王选院士称其有独特的精神魅力；

美国前总统克林顿称其是中国的哈佛；

联合国前任秘书长安南称其是人类繁荣的希望之源。

材料二：

2012年10月3日，格林威治时间21点，英国"泰晤士报高等教育副刊"全球首发2012—2013年世界大学排名。从总体排名看，北京大学排名第四十六，较去年提升了3位，是中国大陆高校唯一一所跻身前50的高校。你知道吗？北大的真正崛起是跟中国近代的一场思想解放运动息息相关，这是什么运动呢？

答案：北京大学。（出示北京大学图片）

（二）出示任务，学生自学

自学教材第40～43页，先独立思考，再同学间交流。

1. 兴起

（1）时间

（2）兴起标志

（3）代表人物

（4）两大阵地

（5）原因（背景）

2. 过程（内容）

旗帜：_____

（1）前期：四提倡、四反对。

（2）后期：宣传_____

3. 影响（作用）

（1）进步性

（2）局限性

（三）师生合作，共同学习

1. 新文化运动的兴起

（1）学生快速完成表格内容。（教师进行材料图片的补充）

文化运动	兴起标志	
	代表人物	
	主要阵地	
	旗帜	

（2）播放视频《建党伟业》片段，了解新文化运动兴起的背景，思考"祭孔"为什么在当时被认为是倒行逆施？这与袁世凯的政治阴谋有何关系？

2. 新文化运动的主要内容

（1）学生概括归纳新文化运动前期和后期的内容，教师通过补充材料和图片对具体内容进行解释，帮助学生理解。

（2）引导学生分析为什么新文化阵营要反对儒家的传统道德，我们应该如何对待传统文化。

（3）播放视频《建党伟业》片段，感受这一时期北大校园内思想自由、百家争鸣，学习新文化运动代表人物勇于解放、勇于探索的精神，以及对国家、民族表现出的责任感和使命感，从而理解新文化运动的性质是中国历史上一次空前的思想大解放。

3. 新文化运动的影响

在前面学习的基础上，引导学生从其进步性和局限性两方面进行分析。

（四）知识提炼，课堂小结

概括为一个标志、两面旗帜、三点作用、四个人物、五项内容。

新文化运动	兴起标志	1915年，陈独秀在上海创办《新青年》杂志
	旗帜（口号）	"民主"（德先生）、"科学"（赛先生）
	主要阵地	《新青年》杂志
	代表人物	陈独秀、李大钊、胡适、鲁迅等
	内容 前期	提倡民主，反对专制；提倡科学，反对迷信、盲从；提倡新道德，反对旧道德；提倡新文学，反对旧文学
	内容 后期	宣传马克思主义，李大钊发表《庶民的胜利》《布尔什维主义的胜利》《每周评论》
	影响	（1）进步：启发人们追求民主和科学，探索救国救民的真理，为马克思主义在中国的传播创造了条件 （2）局限：对东西方文化绝对肯定或绝对否定

【教学反思】

整节课中最大的亮点就是教学设计新颖，教态亲切自然，能够与学生平等交流。在教学设计中，笔者主要通过《建党伟业》这部影片中的片段来贯穿整个课堂。一般来说，在讲《新文化运动》时大家很少会用到这部影视作品。但是这部作品中有些素材如果利用好的话，能让学生真正体会到为什么说新文化运动是一次思想大解放运动，而且可以突破重、难点，所以笔者对影片进行了精心剪辑。整节课有三段影视片段，第一段影视片段讲的是北大图书馆内，当时的民国教育总长范静生先生为新聘贤达颁发聘书，介绍了陈独秀、李大钊、辜鸿铭等人，让学生了解到当时的北大校园内，蔡元培校长采取的兼容并包、思想自由的治学方针，吸引了一大批贤才，既有新思潮的代表人物，也有旧思潮的教授，上一节课的教员西装革履，下一节课的教员则长袍马褂，让学生充分感受到这一时期思想的自由，同时也为接下来要播放的两段影视片段做了人物介绍；第二段影视片段介绍的是一群年轻学生在学校宿舍内激烈讨论救国救民的道路，接着是陈独秀、李大钊在北大校园激情澎湃的演讲，痛斥袁世凯的祭祖祀孔和复辟帝制，目的是让学生直观感受新文化运动的背景，突破难点；第三段影视片段则是北大图书馆内一场针对新文化运动内容，在新旧两派观点上激烈地辩论，普通教师与校长的辩论、学生对老师的质疑、女子师范学校的代表等场景，生动形象地体现了这一时期民主、平等、自由的思想，让学生对新文化运动的内容有更深入地理解，突出重点。

但是，影视片段在取材时虽然经过精心挑选和剪辑，但总计时有十分钟。加上有一个学生自主学习的环节，需要学生花一定的时间自学教材。这一环节的设计目的是希望学生在上课前对整节课的内容有初步地认识和了解，教师在接下来的教学过程中提到一些知识点，学生就可以很快回答并做好笔记。影视片段的播放加上自主学习的时间有15分钟，所以本节课选取的文字材料不多。用影视片段能让学生感性的认识大于理性的认识，而如果只是用材料分析得出结论，学生可能在理性上分析得很透彻，但是没有影视作品带来的震撼。

课后，同仁们在评课时提到了一点，就是整节课感觉教师"导"的作用没有得到充分地体现。笔者反思：第一，因为自己对教材内容的处理不够自信，怕教学时间不够用，不敢放开了由学生说；第二，在播放影视片段时虽然有设计小问题，但是问题尚待再好好推敲，以便设计得更有针对性，这样可以充分发挥视频的作用，既让学生通过思考获得理性的认识，又让学生通过观看获得感性的认识。另外，在播放影片时应告知学生电影非史实，须辨清电影与史料的界限。

北伐战争

深圳实验学校坂田校区　张盼盼

【教学目标】

1. 知识与技能：通过本课的学习，学生能够简述第一次国共合作、黄埔军校和北伐战争的主要史实，了解南京国民政府成立的主要史实。

2. 过程与方法：①通过书写信件，提高学生综合利用历史知识的能力；②通过学生讲解北伐战争进军路线，培养学生的读图、识图能力和表述历史的能力；③引导学生分析总结北伐战争胜利的原因，培养学生的综合分析能力。

3. 情感态度和价值观：通过本课主人公"张振华"的经历，使学生认识到革命者始终把国家、民族的利益作为自己的奋斗目标，感受革命者英勇无畏的革命情怀。

【教学重难点】

重点：北伐战争的胜利进军。

难点：北伐军胜利进军的原因。

【教学过程】

（一）导入新课

（1）介绍本课主人公——我的哥哥张振华（虚构）于1923年加入中国共产党。

设计意图：引起学生对于本课学习的兴趣，引起读者注意，通过情境的创设，拉近学生和历史的距离。

（2）展示本课内容：哥哥去哪儿——黄埔军校、哥哥在哪儿——北伐战争、哥哥回来吧——南京国民政府。

设计意图：通过展示完整的教学情境，使学生能够从整体上了解本课知识的结构和教学环节。

（二）讲授新课

1. 哥哥去哪儿——黄埔军校

（1）有一天，哥哥跟我说要去一所军校学习，但是我不太了解这个学校，你能给我介绍一下吗？

设计意图：大多数学生对于"黄埔军校"有所了解，同时结合课本，学生会得到更多信息，由他们来介绍可以增加学习的信心。

中国国民党陆军军官学校：黄埔军校
创办时间：1924年5月
创办者：孙中山
校长：蒋介石
政治部主任：周恩来

（2）哥哥是共产党员，为什么去国民党的军官学校学习？

设计意图：通过问题的设置，学生有所思考，得出国共实现第一次合作。

2. 哥哥在哪儿——北伐战争

（1）北伐的目的、对象。我收到了哥哥的来信，信上好像要告诉我他接下来要做的事情，但是信件的一部分被雨水打湿了，你能帮我把信的内容补充完整吗？

设计意图：通过书写书信的方式，学生仔细阅读并理解教材关于北伐目的和对象的相关史实，并用自己的语言表述，提高学生综合运用历史知识的能力。

> 北伐战争
> 目的：打倒北洋军阀，统一全国
> 对象：吴佩孚、孙传芳、张作霖

（2）北伐进军的路线。哥哥随军队北伐，我很担心他，到底北伐战况如何？北伐军行进到了哪里？请各位同学帮我解答这个疑问。

要求：结合地图，讲解行军路线、重点战役、取得的成果。

设计意图：提高学生读书识记的条理性，同时提高学生的读图、识图的能力，培养学生的时空观。

（3）播放视频：北伐进军及叶挺"铁军"。

设计意图：北伐顺利进军是本课重点，通过观看视频环节，可以加深学生的印象。

（3）胜利进军的原因。北伐军一路北上，请同学们思考，北伐军胜利进军的原因有哪些呢？

材料一：

1926年7月北伐开始后，由于主要由共产党主持的各级政治工作与主要由国民党负责的军事工作的密切配合，在不到10个月的时间内，就消灭了北洋军阀吴佩孚、孙传芳的部队，把革命势力从珠江流域推进到长江流域，席卷了半个中国，这对于中国革命所产生的影响是不可估量的。

——杨汉卿《第一次国共合作的历史意义与时代启迪》

材料二：

广东革命政府分析了敌我力量对比和敌人内部矛盾的情况，确定北伐战争的战略方针是集中兵力，各个击破。先打吴佩孚，后打孙传芳，最后消灭张作霖。吴佩孚虽是最凶恶的敌人，但在北洋军阀中却是比较弱的一环，由于受到冯玉祥军队的牵制，已经处在南北受敌的状态之中，湖南内部敌人正在发生分化。况且，两湖地区工农革命力量极为雄厚，因此把吴佩孚确定为北伐的第一个打击对象十分正确。

——人民网资料

材料三：

叶挺独立团一营接受攻打武昌任务后，全营官兵都很高兴。一位班长（共产党员）拿着一封信、一包衣服和几元钱到营部向营长曹渊报告："我们明天攻城……如果我死了，请把这封信、衣服和钱寄给我母亲。"曹渊说："我同你一样的不怕死，你的家信和东西不要交给我，可以交给周廷恩书记保管。"周廷恩也说："我要同你一起去攻城！"第一营大部分官兵都和这个班长一样，自动给家里写信，留下自己的物品。第一营官兵在攻城时个个奋勇杀敌，多数壮烈牺牲。

——周士第记述攻打武昌

材料四：

在北伐战争中，中国共产党动员群众给予积极支援与配合。1927年春，汉口、九江工人驱逐英帝国主义，收回租界；上海工人举行三次武装起义占领上海；以湖南为中心的全国农民运动也呈现高涨形势。革命势力迅速蔓延到长江、黄河流域。

设计意图：此部分为本课难点，通过前面的学习，学生经过思考讨论后可以得出部分原因。同时，通过资料的补充，一方面可以弥补学生思考的漏洞，另一方面也可以提高学生对于材料的分析和理解能力。

（4）反革命政变。自从哥哥出征后，我就时刻关注着北伐军的动态，这一天，我忽然在广播里听到了这样的新闻：

（4月13日电）昨日，上海工人纠察队发生工人内讧，共有千余工人、共产党员被移送至军警机关处理。今日上午，上海爆发工人大罢工，工人队伍行至宝山路时与军队发生冲突。以此为鉴，政府将进行严格的清党行动。

提问：广播中所说是否为事实？

设计意图：通过对广播内容的质疑，提高学生对于历史真实的敏感性。

3. 哥哥回来吧——南京国民政府成立

教师讲述南京国民政府成立史实。

设计意图：南京国民政府的成立并非本课重点，学生进行了解即可。

4. 课堂小结

结合PPT梳理本课脉络。

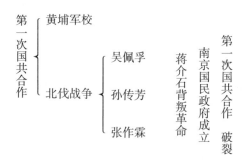

5. 哥哥来信

（1）在我焦急万分的时候，终于再一次收到了哥哥的来信。

设计意图：通过书信内容，学生感受革命者英勇无畏、甘愿献身、舍小家为国家的英雄精神。

（2）在信件的落款，我发现哥哥在南昌，这里将会发生什么呢？我们下节课继续跟着哥哥的脚步学习中国的革命史。

设计意图：通过落款的设计引出下节课的内容，使单元内容更加连贯。

近代前夜的发展与迟滞

深圳市龙岗区布吉高级中学　闫艳宏

【学情分析】

1. 教材分析：《近代前夜的发展与迟滞》是岳麓版必修二第一单元最后一课，是对第一单元的总结和对第二单元的承接，东西方两种文明的对比让学生感受到近代前夜中国面临的危机，也为过渡到下一单元做好铺垫。本课第一目"农耕经济高度发展"主要介绍明清时期农业和手工业的发展水平，以及商品经济的发展程度，主要是对前面内容的总结。教材的内容叙述比较烦琐，在教学处理过程中采取自主学习、分类归纳的方式简要带过。第二目"资本主义萌芽"主要介绍了明代中后期资本主义生产因素萌芽及其具体表现，以及阻碍这种新经济成长的因素，这一目是课程标准要求的重点，也是体现本课题目"发展"的核心。第三目"近代前夜的危机"主要讲述明清时期的海禁政策，对比17世纪—18世纪近代东西方农耕文明和工业文明，这一目中的"海禁政策"属于课标要求，与第二目的内容联系密切，中国危机的表现也是阻碍资本主义萌芽的原因，因此在讲课时将第二目中阻碍资本主义萌芽的因素合并到这一目。

2. 学生分析：高一学生在初中时对本课有一定了解，且具备一定的史料阅读能力和求知欲望，学习时不会有太大压力。但本课涉及的问题比较多，内容枯燥，理论性较强，跨度大，难度较大。学生的理解能力、学习态度各有差异，也为统一教学带来不便。

在教学中应将相对简单的内容交给学生自主完成，调动他们学习的积极性。对一些理解性较强的问题要多补充材料，引导学生详细解读，帮助他们理解，增强学生的历史感。

【教学目标】

1. 知识目标：知道近代前夜中国经济的发展状况，理解资本主义生产关系萌芽的含义，理解海禁等政策的影响。

2.过程与方法：①通过分析闭关政策导致中国落后于世界发展的大潮，培养学生运用辩证唯物主义与历史唯物主义观察和分析历史问题的能力；②通过对东西方农耕文明和工业文明的比较，培养学生运用比较方法获得历史知识的能力和比较分析问题的能力。

3.情感态度和价值观目标：对比农业文明与工业文明的差距，通过农业文明与工业文明的冲突突显中国的危机，增强学生的忧患意识和责任意识，反思中国的经济由先进走向落后的原因，使学生深刻认识到一个国家、一个民族必须顺应历史发展的潮流，树立开放的世界意识，不断开拓进取，善于交流学习、创新发展，才能立于不败之地。深刻领会观念的解放、政策的开放对国家民族发展的重大意义，从而树立开放的世界意识。

【教学重难点】

重点：近代前夜发展的表现、资本主义萌芽、近代前夜危机的原因与实质。

难点：近代前夜发展与迟滞的实质、资本主义萌芽。

【教学过程】

（一）导入新课

明清时期外国人是怎么样看待中国的？通过材料得出外国人对明清时中国的不同认识。

外国人眼中的中国。

材料一：

中国物产丰富……中国农田管理得很好，没有一块荒弃的土地。一块块耕田错落有致，有如花园。矿产也很丰富。这是世界上最富饶、而物价又十分低廉的国家。

——1585年门多萨《中华大帝国史》

师：门多萨是一位西班牙传教士，虽然从未到过中国，却对中国十分向往。他将去过中国的传教士带回的资料进行整理，写出西方第一本全面介绍中国社会的百科全书式著作，认为中国是富饶的、强盛的。

材料二：

18世纪初期西方人对中国的印象。

图片说明：《巨人中国》是18世纪初期西方人心目中对中国的印象。身着清朝服饰的中国巨人手牵欧洲武士，上面的英文"Judge"意为主宰者

师：这种观念一直持续到18世纪初。18世纪初的欧洲人依然称中国为巨人中国。大家再看下面两个材料，总结西方人对中国的认识出现了什么变化？

材料三：

（中国）不过是一个泥足巨人，只要轻轻一抵就可以把他打倒在地……至少在过去150年里，没有改善、没有前进，或者更确切地说反而倒退了……他们实际上正在变成半野蛮人。

——1793 马戛尔尼出使日记

材料四：

中华民族是停滞、平庸、屈辱、充满偏见的民族。

——1793 孔多塞《人类精神进步的历史画卷之概述》

生：认为中国是停滞的、落后的、倒退的。

师：为什么西方人对中国的认识在不到一个世纪里会出现两种截然不同的结果呢？带着这个问题我们来学习第6课《近代前夜的发展与迟滞》，感受盛世的辉煌和古老帝国的彷徨。

通过"设问"的形式，引发学生的学习兴趣和思考，使学生的思维指向本课重点内容，以达到"点题"的目的。展示课程标准。

（1）了解"海禁"等政策及其影响。

（2）分析中国资本主义萌芽发展缓慢的原因。

（二）讲授新课

师：我们先进行课题解读，中国近代史开始于什么时间？

生：1840年鸦片战争。

师：近代前夜是什么时候呢？

生：1840年前。

师：所以近代前夜指14世纪—19世纪中期（1840年前），也就是明清时期。为什么明清时期西方人认为中国是强大的呢？同学们自主学习课本第一目"农耕经济高度发展"，并结合以下材料分四组完成表格。

1. 帝国荣光——农耕经济的高度发展

材料一：

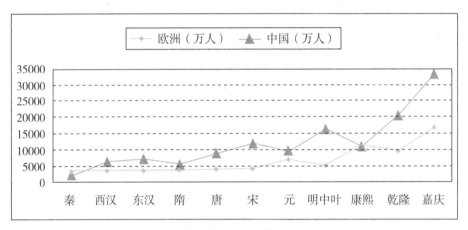

中欧人口对比统计图

材料二：

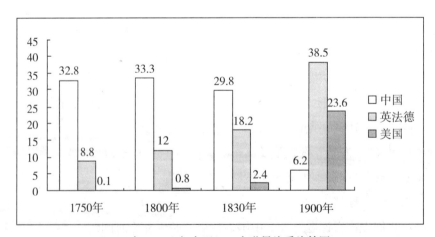

1750年—1830年中西GDP占世界比重比较图

学生分组回答，总结如下：

农业	高产作物引进、衣食结构变化、农业技术发展
手工业	私营取代官营占据主导
商业	白银成为主要流通货币，商业市镇兴起，农产品商品化程度加深
综合国力	耕地面积、人口、国内生产总值、世界经济与贸易中心地区之一

教师引导：随着中国农业文明发展到一个新高峰，在它的母体内部变异出一种迥异于传统经济模式的新经济因素，即资本主义生产因素的萌芽。这种萌芽初露出中国向近代工业文明演进的曙光，体现了中国近代前夜的发展。

2. 初现曙光——资本主义萌芽的出现

手工工场中拥有资金、原料和机器的工场主雇佣具有自由身份的雇工，为市场的需要进行生产，被学界称为"资本主义萌芽"，是资本主义生产关系的最初形态。

合作探究：资本主义萌芽的本质特征及产生的表现。

材料一：

（清前期）苏州机户多雇人工织。机户出资经营，机匠计工受值，原属相需，各无异议。

材料二：

苏州的工匠……每日黎明按工种专长分立一些固定场所，"听大户呼织"表明当地已形成劳动力市场。另据史书记载，江西的景德镇……民营手工场……已发生了质的变化。

请结合教材，依据材料一、材料二概括资本主义萌芽的本质特征、表现及目的。

① 本质特征：雇佣劳动关系。

② 表现："机户出资、机工出力""计工受值"。

③ 生产目的：为市场而进行的商品生产，追求利润。

黯然神伤——近代前夜的危机。

师：在中国徜徉在盛世的欢歌中时，盛世的背影里却已显现出了种种危机。当时的欧洲人已经看到这种危机，但中国人却丝毫没有察觉。我们通过中

121

国人眼中的世界来认识中国，并用关键字概括当时中国的形象。

中国人眼中的世界。

材料一：

皇帝眼中的世界

咨尔国王（指英王），远在重洋，倾心向化……天朝抚有四海……德威远被，万国来王。

——摘自《清实录·清朝乾隆皇帝致英王信》

师：关键字概括当时中国的形象是什么？

生：天朝上国。

材料二：

大臣眼中的世界

内地实有可制外夷之权……则大黄、茶叶是也……盖（西洋各国）地土坚刚，风日燥烈，又日以牛羊肉磨粉为粮，食之不易消化，大便不通立死……皆不能离此。

——林则徐《拟颁发檄谕英国国王稿》

师：关键字概括当时中国的形象是什么？

生：盲目自大、妄自尊大。

材料三：

民众眼中的世界

其男浑身包裹紧密，短褐长腿，如演剧扮作狐、兔等兽之形……骤见能令人骇，粤人呼为鬼子，良非丑诋。

——赵尔巽《清史稿》

师：关键字概括当时中国的形象是什么？

生：愚昧无知。

师：我们如此封闭自大，不了解世界是哪一政策直接导致的？

生：海禁、闭关锁国。

展示清朝闭关锁国漫画并总结海禁、闭关锁国的含义。

海禁：明代禁止私人擅自出海与外国互市的政策。（严禁）

闭关锁国：清代不与外国往来，严格限制对外经济、科学、文化等方面的交流。（限制）

展示下列海禁、闭关锁国的材料和清广州十三行的材料，提出问题：海禁等不等于禁绝？闭关锁关等不等于完全封闭？

明太祖朱元璋宣布"通番禁令"	"滨海居民不许与外洋番人贸易""敢有私下诸番互市者，必置之重法"
明隆庆初年	请开市舶，易私贩而为公贩……不得往日本……亦禁不得以硝黄、铜，奉旨允行，凡三十载
清顺治帝颁布"海禁令"和"迁海令"	强迫从山东至广东沿海居民内迁35至50里，不准商船渔舟片帆出海
雍正帝	开闽省洋禁，允许浙江"一体贸易"

生：不等于。

教师补充明清时期的朝贡贸易体系，并引导学生讨论总结明清时期闭关锁国的实行情况：近代前夜近500年里大部分时间严格奉行海禁和闭关锁国政策，但是也有少数时间是有条件地允许对外贸易和交流，官方的朝贡贸易基本不受限制。加深学生对海禁和闭关锁国概念的理解。

师：为什么近500年的时间里大部分能够实行自我封闭？请同学结合下列材料和所学内容回答。

材料四：

天朝物产丰盈，无所不有，原不借外夷货物以通有无。特因天朝所产茶叶、瓷器、丝巾为西洋各国必需之物，是以加恩体恤。

——乾隆帝致英国国王书

生：①自给自足的自然经济的封闭性；②防范外来入侵和沿海人民反抗；③统治者以"天朝大国"自居，故步自封，盲目自大。

师：在中国实行闭关锁国的时候，世界形势是什么样的？（展示鸦片战争前中国周边形势图）

生：西方国家对外殖民扩张，在世界范围抢占殖民地。

教师由此引导学生得出海禁和闭关锁国的影响。

（1）使中国日渐脱离世界发展大势。

（2）失去了利用国际贸易的优势开辟海外市场、刺激资本扩张、推进工业化的契机。

（3）在一定程度上起到民族自卫的作用。

师：除了在对外关系方面，近代前夜的中国还面临哪些危机呢？展示三组对比材料，学生总结回答。

第一组：男耕女织、蒸汽工厂。见下图。

第二组：雍正帝君临天下、查理一世被送上断头台。见下图。

第三组：范进中举、牛顿科学成就。见下图。

近代前夜中西方历史差距比较表

	中国	西方
对外关系	闭关锁国	殖民扩张
政治	封建专制统治强化	资产阶级民主政治
经济	小农经济占主导 资本萌芽发展缓慢	向工业生产过渡
思想文化	专制、保守	自由、理性、创新
综合概括	农业文明日薄西山	工业文明如日中天

师：近代前夜中国危机表现也是阻碍资本主义萌芽发展的原因，中西方由于资本主义萌芽发展条件的不同而走上了两种不同的发展道路，中国科技与经济已出现迟滞现象。总结发展和迟滞的实质为。

（1）发展的实质：农耕经济发展到顶峰，但始终处于农业文明，产生了符合世界发展趋势的新的经济因素——资本主义萌芽。

（2）迟滞的实质：资本主义萌芽受阻碍，农业文明未能过渡到先进的工业文明。

3. 你眼中近代前夜的中国

学生可以根据所学各抒己见，培养学生的时空观念、思维能力、历史解释能力和历史价值观。教师根据学生的观点做最后总结。

（1）发展依据：农耕经济的发达，资本主义萌芽的产生。

（2）落后迟滞依据：农耕文明没有转向工业文明，资本主义萌芽发展受阻碍，发展缓慢，落后于世界发展趋势。

对比近代日本明治维新由农业文明转向工业文明的史实，启迪我们今天要进一步深化改革开放，提高国力；解放思想，与时俱进；立足本国，面向世界；取长补短，善于学习；重视教育，科技兴国。

【教学反思】

本课教学以学生的探究活动为中心，通过大量的历史史料和背景材料让学生讨论，培养学生的历史思维能力和语言表达、概括能力。通过情景设置，让学生身临其境地分析历史、感悟历史，力求史料、史观、史论的有机结合。在史料的基础上，通过引导讨论、史论结合，学生本堂课的互动很好，有利于历史思维的培养；同时培养了学生使用辩证唯物主义和历史唯物主义的观点来分析历史现象、历史问题。

宗教改革

深圳市龙岗区布吉高级中学　王春雨　闫艳宏

【学情分析】

宗教改革是欧洲近代思想解放的重要历程，它上承文艺复兴的人文精神，下启启蒙运动的理性精神，通过学习可以更深刻地把握欧洲人文精神的内涵。本课内容又与欧洲近代主权国家的形成相联系，为欧洲资本主义政治、经济的发展扫清了道路。加深对宗教改革的认识，有助于进一步理解欧洲近代社会的形成过程。

本节课的内容涉及基督教的教义和改革者的宗教思想，学生对这些内容比较陌生，极大地增加了授课的难度。基于学情，本节课的设计主要以史料为依据，创设历史情境，将学生带回到改革者的时代，用改革者的经历探索历史事件的来龙去脉，从学习者的视角剖析改革的内容，以研究者的态度客观评价改革的影响，多角度、深层次地挖掘历史，从而培养学生运用史料解释历史的能力。

【导入新课】

师：给大家讲述两个关于"教皇不懂爱"的故事。第一个故事发生在1524年，德国的教士马丁·路德要结婚，这在罗马教廷引起轩然大波，教皇很愤怒，可他还是结了。第二个故事发生在1525年，英王亨利八世因为王后没能诞下男性王位继承人要离婚，教皇不批准，可他还是离了。这两个故事在今天看来匪夷所思，德国教士的结婚、英国国王的离婚和远在罗马的教皇有什么关系呢？教皇为什么有权干涉他们的婚姻，为什么又没能成功阻止？带着这两个疑惑，我们一起走进"挑战教皇的权威"。

设计意图：通过两个有趣的、生活化的情境，激发学生的学习兴趣，无声中淡化了学生和"中世纪"的距离感。

【讲授新课】

（一）大时代——"群龙无首"的"信仰时代"

师：公元5世纪，北方蛮族消灭了罗马帝国后，建立了许多大大小小的王国，各自为政，群龙无首。之后发生了一个有趣的现象：这些狂野的、好战的蛮族政权几乎在此后200多年间纷纷皈依了天主教。简而言之，这是一个政治分裂但信仰统一的时代，因而使天主教会得以壮大，攫取了越来越多的世俗权力，成为时代的主宰者。

（二）大时代的主宰者——"教皇"的权威

师：教会具体拥有哪些世俗特权呢？（展示图片文字）

材料一：

教皇、主教、神甫、修士都属于"属灵阶级"；君主、贵族、工匠、农民组成"世俗等级"……"属灵阶级"由于是为上帝服务的，理当高于世俗等级享有各种特权……世俗权力不得干预他们。

——李平晔《人的发现——马丁·路德与宗教改革》

生：教皇的权力高于国王权力。因为教士是"属灵阶级"，高于"世俗等级"。

教师总结：中世纪政治最大的特点就是教权高于王权。历史上德国国王亨利四世和教皇闹了矛盾，教皇宣布开除亨利四世教籍。亨利为求原谅，在冰天雪地里站了三天三夜才得到教皇的宽恕，这件事情称为"卡诺莎之辱"。国王之所以畏惧教皇，是因为他的世俗权力再大，灵魂最后也是要去天堂的，而天堂之门的钥匙在教皇手里。

材料二：

教会拥有日耳曼财产之半数。一位天主教历史学家评定教会的财产在日耳曼占1/3，在法国占1/5……法国所有财富的3/4为教会所有。

——（美）威尔·杜兰特《世界文明史·宗教改革》

材料三：

中世纪的欧洲，教会控制和禁锢着人们的思想和行动，任何不符合宗教教义的行为都被认为是叛逆和异端，随时受到宗教裁判所的审判。

——（美）马克·P.唐纳利，丹尼尔·迪迩《人类酷刑史》

生：在经济上，教会占有大量财富。另外，教会还控制人们思想，惩罚那些叛逆的人。

材料四：

只有尊崇上帝，履行洗礼、圣餐、悔罪等圣礼仪式……若非如此，便要遭到永世处罚。

——圣·奥古斯丁（天主教圣师）

生：教会还规定了各种圣礼仪式，如果不遵循就要受到惩罚。

教师总结：信徒要履行各种圣礼，包括出生的洗礼、结婚的婚礼、去世的葬礼等，而教士是这些圣礼仪式的主导者，人的一生都离不开天主教会。

设计意图：讲宗教改革，中世纪是个绕不开的内容。离开了这个背景，学生就无从理解路德等人冲破时代束缚的人文精神。添加两幅地图，先创设大的时间空间背景，继而让学生具体体验中世纪的政治、经济、文化、社会生活，这样形成了宏观和微观两个学习视角。

师：对于教会的行为，上层贵族和普通民众即使不满，但由于信仰上的恐惧，敢怒而不敢言。在16世纪这个万马齐喑的时代发生了改变，有一个叫马丁·路德的人公然向教会的权威发起挑战。为什么他会这么做呢？我们一起探索。

（三）信仰的崩溃与重建——挑战教皇的权威

材料一：

一个虔诚的德国教士

修道院里所有了解我的同伴，均可对此作证。我愿永为僧，靠斋戒、祈祷、诵读和其他种种善行成为一名殉道者。

——鲁普和德鲁里编《马丁·路德》

材料二：

中世纪天主教会的要求

人的婚配、追求富足享乐、对于大自然的探索，都成为人堕落的表征……唯有禁欲、独身、贫穷才可以得到"圣洁"的美名。

——李平晔《人的发现——马丁·路德与宗教改革》

师：你感受到了什么？

生：路德非常地虔诚，天主教会规定苛刻，限制人的发展。

教师总结：路德很虔诚，这么苛刻的教规他一一遵守，甚至鞭笞自己，只求灵魂救赎。

师：为什么这个教士中的模范生会向天主教会发起挑战？

材料三：

他看到了什么

僧侣容许擅离职守，教士可用钱买到婚姻生活，私生子可称为合法……欺诈和谎言、抢劫和偷盗、淫乱和堕落以及种种亵渎上帝的行为。

只要买赎罪券的钱币落入钱柜叮当一响，买主记挂的那个罪人的灵魂会立刻从炼狱直飞天堂。附赎罪券价目表如下。

罪名	杀人罪	谋杀兄弟姊妹	在教堂犯奸污罪	伪造文书
赦免价	8个金币	6个金币	6个金币	7个金币

——马丁·路德《致德意志民族的基督教贵族信》

生：天主教会堕落腐败，通过兜售赎罪券敛财，欺骗人民。

教师总结：路德在苦苦修行的时候，别人用一张赎罪券就能拯救灵魂，在路德看来，这是在践踏上帝的尊严。上帝像个天国的守门人，给钱买票就可以通行。路德的愤怒最终在1517年爆发了。针对教皇利奥十世在德国兜售赎罪券的行为，路德将反对教会的《九十五条论纲》贴在维滕堡教堂的门口。那一刻，他的目的只是想让教会变得纯洁，并没有意识到这一事件会拉开欧洲宗教改革的大幕。

设计意图：以路德的人生经历作为教学的主线，以史料为基础，创设情境，将学生带入宗教改革的时代。设计问题，层层推进，体会并感受路德的人生经历、思想变化，进而分析其思想的核心。

师：《九十五条论纲》如何挑战了教会的权威？

材料四：

1517年《九十五条论纲》节选。

赎罪券，照宣讲者所说的，是最大的恩典，其实所谓"最大"不过是指它们为最大的牟利工具。

每一个真诚悔改的基督徒，即使没有赎罪券，也同样可以被免罪。

生：教会认为买赎罪券可以得救，而路德认为不用赎罪券，只要真诚悔改即可得救。

师：路德的这篇文章在两个星期内几乎传遍了整个德国，成为讨论的焦点，并得到了人们的支持。《九十五条论纲》为什么会得到民众支持？

材料五：

德国比较贫穷，处于严重的封建状态中，大大小小的德国封建主都必须把十分之一的收入缴纳给教会，这叫作"什一税"。不仅要缴"什一税"，而且罗马教会还经常巧立名目，从德国人手里榨取钱财。

——赵林《基督教与西方文化》

生：德国本来就比较穷，教皇还经常勒索，引起了德国人的不满。

教师总结：一石掀起滔天巨浪，德国人支持路德，购买赎罪券的人就少了。教皇变得着急，派人和路德在莱比锡进行神学辩论。在这次辩论中，路德虽然没能占尽优势，但他更加明确了自己的救赎理念。

师：路德和教会关于灵魂救赎的分歧点在哪？

材料六：

中世纪天主教会的观点。

上帝不与有罪之人直接交往，人的获救必须得借助教士的中介作用，只有教士阶层掌握着圣礼的主持权。

——李平晔《人的发现——马丁·路德与宗教改革》

马丁·路德的主张。

人的得救不在于参不参加宗教仪式、买不买"赎罪券"，而决定于对上帝的信仰！

——马丁·路德《论基督徒的自由》

生：按照教会的观点，信徒要参加各种圣礼仪式，然后还要通过教会的中介作用才能被救赎。而路德认为可以不参加那些仪式，只要信仰上帝就能得救，使人获得了精神自由和灵魂得救的自主权。

教师总结：救赎必须通过教会的中介，这种理念叫做"因行称义"。而路德认为只要心中有上帝就可以得到救赎，这种理念叫作"因信称义"，这个"义"从字面上可以理解为"能被上帝拯救的人"。

师：路德认为应该如何聆听上帝的福音？

材料七：

真理的根据，不是教会或者教皇的意思，而是《圣经》。

——马丁·路德《论基督徒的自由》

材料八：

如果认为只有教皇能解释《圣经》，或批准解释，那就是他们毫不能证实的和邪恶的无稽之谈。

——马丁·路德《论基督徒的自由》

生：教会不是信仰的标准，要通过《圣经》寻找真理。

师：路德认为，《圣经》才是人们和上帝沟通的依据。在中世纪，《圣经》的解释权是被教会垄断的，而现在每个信徒都有阅读和解释《圣经》的权利。另外路德还提出了简化宗教仪式、允许教士结婚等内容，这些改革使得宗教为了人的幸福而服务，不再像以往教会借着上帝的名义控制人民。

情感升华：展示图片"焚烧教皇敕令"并播放音频。

路德的公开挑战使天主教廷异常惊恐，罗马教皇下敕令，要求路德当众承认错误，焚烧自己的书籍，否则将开除他的教籍。路德毫无退缩之意，反而当众将教皇的敕令、教会的法规付之一炬。1521年，教皇宣布开除路德的教籍，路德及其追随者与罗马教廷彻底决裂。

师：在路德之前也有人挑战过教皇的权威。胡斯作为普通的教士挑战过，被活活烧死；有权有势的国王挑战过，最后也不得不低头求饶。在这种情况下，路德依然敢向强大势力发起挑战，除了坚定的信念和勇气之外，还有什么呢？大家感受到"人性"的光芒了吗？如果感受到了，请分析宗教改革时期的人文主义的含义。

生：信徒可以阅读圣经，允许神职人员结婚，简化宗教仪式，打破教会的束缚，过幸福的生活，体现自我价值。

生：信徒不用从生到死受那么多限制，个人有了更多的自由，增加了社会创新的动力。

生：信徒可以和上帝直接沟通，上帝面前人人平等，对后来追求政治上的平等产生了影响。

教师总结：打破了天主教会的宗教特权，在上帝面前人人平等。使人从天主教会的宗教枷锁中解脱出来，促进了思想解放，影响了继之而来的启蒙运动。

师：天主教会建立在欧洲的精神枷锁被打破之后，罗马教会陷入政治、宗教纷争中，这时候欧洲各国君主"趁火打劫"。他们劫了什么？这种"打劫"产生了什么影响？

（四）欧洲社会的权力重组——宗教改革的影响

材料一：

16世纪至18世纪，西欧的君主利用宗教争端紧紧控制了社会。通过限制诸侯贵族，王室得以拓展自己的势力并加强对臣民的控制能力。

——杰里·本特利《新全球史》

材料二：

君主为了摆脱罗马教会并制约地方割据势力，需借助市民的物质资助；市民阶级为了获得统一的国内市场和对于国内资本主义萌芽的保护，需仰赖君主的庇护……这时的君权已不单纯是封建统治的代表，它成为民族统一的象征。

——李平晔《人的发现——马丁·路德与宗教改革》

生：君主政治权力加强，市民和君主相互依赖，国家观念增强，有利于经济的发展。

师：宗教改革使天主教的政治控制力下降，各国的民族意识加强，有利于民族国家形成。导课提到的英国国王亨利八世也趁此大势改革国内教会，不仅成功离婚，后来又相继废立了五位王后，终于摆脱了天主教会的控制。

情感升华：宗教改革使得路德派、加尔文派等新教从天主教会中分裂出来，打破了天主教会一统天下的局面。但是，改革之后的欧洲社会并不太平。

两则案例如下。

1572 "圣巴托罗缪之夜"大屠杀

塞尔维特

图片解读：新教和天主教都认为自己是正统、对方是异端，相互不能容忍。1572年，法国天主教徒趁着新教贵族结婚，一夜之间屠杀了两千多人，之后新教徒又以同样残忍的方式进行报复，引发了法国30多年的宗教战争。

塞尔维特是人类肺循环理论的提出者，但这样的伟大贡献既不被天主教接受，也不被新教认可，最后将其联合推向火葬场。

生：宗教信仰应该是自由的。时至今日，中东地区的宗教冲突仍然不断，我觉得大家应该相互尊重、相互宽容。

生：说明宗教改革虽然使人获得了一些精神自由，但在某些方面并不理性，甚至是反科学的，并没有带来社会的稳定。

教师总结：宽容的精神对个人以及社会都具有重要意义。第一，它是我们应该具有的美德。第二，宗教宽容对欧洲发展具有重要的意义。1598年，法国颁布《南特敕令》，第一次赋予人信仰自由的权利，这是欧洲人经历了血的代价之后的反思。当宽容这种精神从宗教领域向社会各层面扩展，成为一种时代的精神，人类的理性时代也就随之到来，科学才真正有了发展的土壤。第三，宽容本身就体现着人文、理性精神。

设计意图：人文精神是本节课的灵魂，为了突破该内容，先以路德勇于挑战教会权威的行为所散发出的人性光芒作为暗线，贯穿于教学当中；再以"因信称义"中所体现的反对教会权威、追求灵魂得救的自主权这一内容为明线，加深学生对人文精神的理解；最后由宗教迫害引出宽容精神，用这条由暗转明的线索进一步升华人文精神的内涵。

理性之光

深圳市龙岗区布吉高级中学　贾艳丽

一、导入新课

思路：

利用"18世纪"英语和法语翻译的别名"启蒙时代"里包含的词根——"光"，引出理性之光。

用理性的初步定义——"人利用自己的头脑，进行思考、判断的一种能力"，引出理性之光引导欧洲走出黑暗、走向光明，导入启蒙运动。

问题设计：

师：正如大家所看到的，在某个世纪，一道光照亮了欧洲的混沌大地，送来了4位光明使者，带领大家走向了光明时代。这个世纪就是18世纪。那么，大家知道"18世纪"在英语和法语中该怎样翻译吗？

生：The Eighteenth Centruy。

师：其实除了这种常规译法，在英语和法语中，"18世纪"还有另外的名字，那就是"the Enlightenment（英语）"和"l'âge des lumières（法语）"。也许大家不认识这两个词组，但两种语言里都出现了一个相同的、大家非常熟悉的词根（PPT动画标出），那就是light和lumière，也就是"光"。到底是什么样的光芒照亮了18世纪的欧洲，这道光是什么光？

生：理性之光。

师：那么理性是什么呢？老师给大家找到了几种权威解释。不难看出，几种不同的解释却出现了几个相同的高频词汇，请大家找出它们。

生：判断、推理、思考等。

教师总结：

可见，理性的初步含义就是指人利用自己的头脑进行思考、判断的一种能力。正是这种理性，带领18世纪的欧洲人走出黑暗，走向光明的启蒙运动。

二、探理性之光源（背景）

思路：

PPT中给出四个材料，有文字也有图片，让学生通过材料总结出启蒙运动发生的背景。

问题设计：

启蒙运动起源于17世纪的英国，却在18世纪的法国达到高潮，请大家思考其中的原因。

过渡：

启蒙运动得以在法国达到高潮，不仅因为以上背景，还因为法国出现了几位非常著名的启蒙思想家。

三、明"光"之理性（内容）

思路：

利用各种文字、图片、生平故事等丰富的历史资料讲述四位思想家的主要思想，并最终通过比较四人思想找出共通处，体会、总结"理性主义"的深层含义，明白其在启蒙运动中的旗帜作用。

问题设计：

1. 新闻消息情境创设

师：前段时间有一则非常热门的新闻消息（"美国白宫停摆"PPT），这在国人看来简直就是不可想象的事情。为什么美国政府会出现"关门"的现象呢？（引出三权分立、孟德斯鸠）

2. 材料情境创设

材料一：

自由就是做法律所许可的一切事情的权利。

——孟德斯鸠

师：从这段话大家得出什么信息？

生：人有自由，自由受法律制约，自由同时受法律保护。

师：那么什么情况下人就不自由了呢？

材料二：

"绝对的权力将导致绝对的腐败。"如果同一个人或是同一个机关行使这三种权力……则一切便都完了。

——《论法的精神》

师：所以，该怎么保护自由？

材料三：

要防止滥用权力，就必须以权力制约权力。

——孟德斯鸠

师：所以孟德斯鸠认为应该实行什么制度？

生：三权分立。

师：孟德斯鸠提出分权制衡的思想，反对君主专制，但是由于阶级局限，他反专制比较委婉、温和。但同时代同为贵族的另一位思想家却极其辛辣、猛烈地批判了专制制度，这个人就是——

学生：伏尔泰。

3. 故事情境创设

小组讨论：讲述伏尔泰空墓棺中遗骨去向的故事，引出伏尔泰的墓志铭"他的心脏在这里，但到处都是他的精神"。

师：到底是什么样的精神，足以影响一个时代、整个世界？

给出伏尔泰的3段名言，学生每4～6人一组，分组讨论，选出代表发言。

材料一：

"我不同意你说的每一个字，但我誓死捍卫你说话的权利！"一切享有天然能力的人，显然是平等的……除了法律以外，不依赖任何别的东西，这就是自由人。

——伏尔泰

材料二：

难道农民的儿子生来颈上戴着圈，而贵族的儿子生来在腿上带着踢马刺吗？

——伏尔泰

材料三：

一个受人尊敬而富裕的国王有无限的权力做好事，却无力为非作歹。一边是贵族重臣，一边是城市代表，与国君共分立法之权。

——伏尔泰

师：像伏尔泰这样的名人有很多粉丝，其中一个粉丝后来变成了他的好友，但最后却因为观点分歧，针锋相对，辩论不休，这个人是谁？

生：卢梭。

4. 生平情境创设

师："为什么他被称为最为激进的民主主义者？他有哪些激进的思想？"

材料：

假如伏尔泰和我压根儿都没有在世间活过，也许会对世界的安宁更有好处。

——卢梭

师：拿破仑为什么会这样说？（引出卢梭对法国大革命的影响）

生：卢梭的思想成为推动法国大革命发生的思想武器。

师：到此时，启蒙运动在法国如火如荼地进行，已达到高潮，并开始向外传播。在此时的德国出现了一位划时代的哲学家，这个人就是——

生：康德。

师：当启蒙运动在法国达到高潮的同时，也出现了一些理性主义过度膨胀、过激革命的现象，因此康德对启蒙运动做出反思和总结。

5. 生活作息表情境创设

材料：

PPT展示康德的生活作息表。

师：康德一生未婚未恋，每天严格地按着生活作息表生活。你觉得康德为什么能过平淡得近乎刻板的生活？（引出其内心丰富、以人为本的观点）

6. 表格展示

师：几位思想家有哪些共同思想？都批判什么、主张什么？（得出理性主义的深刻含义）

四、悟"理性"光芒（评价）

思路：

展示文字、图片材料，引导学生总结出启蒙运动的影响。

材料一：

路易十六在监牢里翻看伏尔泰和卢梭的作品时，曾哀叹道："就是这两个人把法国给毁灭了。"

——柏克

师：启蒙精神是一种法国精神，为什么这么说？

生：启蒙思想成为法国大革命的理论武器，直接推动了法国大革命的发生。

材料二：

美国1776年《独立宣言》、1787年宪法，中国近代戊戌变法、辛亥革命。

师：启蒙精神也是一种世界精神，为什么？

生：启蒙思想推动了美国独立战争和中国近代民主革命的发生，它已经成为一种世界精神，推动着殖民地和半殖民地人民争取独立、解放和民主的革命斗争。

五、课程小结

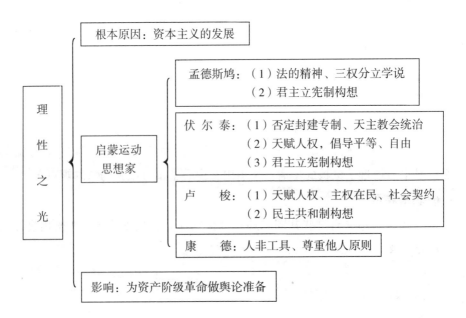

六、课程升华

总结人文主义精神在欧洲的发展历程，不断地深化、发展，最终发展成理性主义，成为一种人类精神财富。

第四篇

教学反思

"沉锚效应"

深圳市龙岗区福安学校　林婉贞

一、"沉锚效应"的定义

心理学中经常听到"加鸡蛋"的故事："有两家卖粥的小店，每天的顾客相差无几。然而晚上结算的时候，左边店总是比右边店多出百十来元。细心的人发现，进入右边粥店时，服务小姐会微笑着迎上去，盛上一碗粥问：'加不加鸡蛋？'有说加的，有说不加的，各占一半。走进左边粥店，服务小姐微笑着迎上前，盛上一碗粥，问：'加一个鸡蛋还是两个鸡蛋？'爱吃鸡蛋的说加两个，不爱吃的就说加一个，也有要求不加的，但是很少。一天下来，左边这个小店就比右边那个多卖出很多鸡蛋。"这就是心理学中的"沉锚效应"。通常来讲，人们在做决策时思维往往会被得到的第一信息所左右，就像沉入海底的锚一样，把你的思维固定在某处。而用一个限定性的词语或规定做行为导向，达成行为效果的心理效应，第一印象和先入为主是其在社会生活中的表现形式。

二、"沉锚效应"的应用

生活中的"沉锚"比比皆是。例如在商场购物时，导购小姐会诱导说："反正今天是出来买鞋的，甲或者乙都很适合你的气质，选一双吧。"而事实上你出门不过是"随便逛逛"，并没有带着"非买不可"的决心。我们所贪恋的心理优势，就这样让我们处于对方的"沉锚陷阱"中，而且乐此不疲。又如，听惯了"上有天堂下有苏杭"的说法，当别人问起哪里最美时，便会不假思索地说出苏州和杭州，尽管两座城市的模样都未曾见过。再如听别人常说某学者学识渊博，未曾相见就肃然起敬。先入为主同样会作为第一信息左右我们的判断、决定我们的行为，足见"沉锚效应"之威力。

其实，"沉锚效应"这种心理现象更是常常闪现在我们的教育教学活动中。

案例：

九年级中考结束后，因工作需要，九年级毕业班教师需要给七八年级外出阅卷的教师代课，我也被安排了七年级的两节历史课。两节都是复习课，先讲评试卷，然后记忆复习要点。第一节课，我讲评完试卷后还剩15分钟，于是对学生说："请大家拿出我们的复习资料开始复习知识要点。"学生磨磨蹭蹭地拿资料。三分钟过去了，拿出资料的学生寥寥无几。于是，我又一次强调："请同学们快速拿出我们的知识要点开始复习。"又一个三分钟过去了，终于有一半以上的学生把资料找出来了，可是真正进入复习状态的学生屈指可数。我只得在教室内不停地走动，不断进行个别提醒："拿出资料……识记要点……"好不容易熬到下课。

课后我进行了反思：我刚教完九年级毕业班，九年级的学生学习习惯好，学习目的明确，对教师发出的教学指令执行力强。而七年级的学生心智还不成熟，我又是第一次给他们代课，彼此都不了解，对他们的期望值过高，以为他们会很自觉，结果却不尽如人意。

发现问题，找到原因，我决定在第二节复习课的自主复习时试试沉锚效应。第二节复习课讲评完试卷后还剩下20分钟，幸好我早有准备。我故意一本正经地说："上节课老师安排了自主复习的时间，可是你们没有好好利用，估计大家是胸有成竹了，因此这节课的自主复习时间我们来对上节课的复习内容进行听写检测。请大家拿出纸和笔，听写二十个空，错5个以上的老师要给予一点小小的惩罚。"学生一听急了，纷纷叫道："老师，我们还没复习好""老师，再给我们点时间复习下知识要点"。我装作很为难的样子说："这样啊，可是我都安排好了……"话音未落，学生又叽叽喳喳嚷嚷开了："老师，求你了，再给我们点时间复习吧。"于是我借机说道："那好吧，看在大家这么积极的份上，我就把听写的时间留给你们复习，不过如果你们不好好复习，有偷懒的，那我就当你们都复习好了，那就得听写啦"。学生们像是得到了莫大的恩惠，连连点头"好、好"。于是学生们开始复习，80%以上的学生很快进入复习状态，认真记、背并持续到下课。

课后我再次反思，在第二节复习课中我寻找恰当的时机，为学生设定"沉锚"——A计划课堂听写，然后再装作对学生的迁就，提出B计划课堂复习，由于A计划已经先入为主，所以学生会对老师最后的迁就——B计划心怀感恩，并认真执行，使教学过程向有利于自己的方向发展，并最终达到自己的教学目的。作为教师，一定要有一双敏锐的眼睛，善于在教育教学中捕捉时机，设定恰当的"沉锚"，这样才能充分发挥"沉锚效应"的积极作用。

"甲午中日战争与瓜分中国狂潮" 之
甲午中日战争

深圳实验学校坂田校区　任 远

　　人教版2017初中历史八年级上册为中国近代史的内容，在中考中占据不小比例，其重要地位不言而喻。但该部分内容的趣味性不如七年级上下两册讲述的中国古代史，对学生思维能力上的要求更倾向于理性理解和抽象分析。如何挖掘中国近代史给予当代少年有价值的教训和启示，又如何以通俗易懂的形式呈现这段历史，让以形象思维为主的初中八年级学生理解且接受，非常考验教师的文本理解、史料积累和教学技能。在八年级上册中国近代史的教学过程中，笔者量力而行，通过每堂课的教学得到了学生的有效反馈，且发现了自己在这一过程存在的各种问题，同时积累了一些经过实践证明对学生适用的经验，为日后的历史教学打下了相当重要的基础。在整个八年级上册初中历史的教学过程中，笔者比较满意的是《甲午中日战争与瓜分中国狂潮》这一课对"甲午中日战争"展开的教学。因本课内容较多，故拆分为两节课进行教学，"甲午中日战争"和"瓜分中国狂潮"各占一节课的时间。本文将从课程标准、学生发展核心素养、学生在课中给予积极回应三个角度反思本课教学，总结能够延伸到日后历史教学的规律、方法，发现本课教学中出现的问题，并完善教学思路。

一、本课亮点

　　学习素养在义务教育阶段各课标中是被提及频率最多的。本课设计和教学实践最大的亮点就是以初中生兴趣点、初中生日常生活经历、过往学生易错点和历史教学史料教学热潮为线，编织成本课教学整体的网。运用图片的形象性、本课知识点和初中生生活经历的关联性、史料反映的观点、教法上的查漏补缺引发学生的有效注意，激发学生的理性思考，引导学生逐渐熟悉从图片、文段提取重要信息的学法，从关注、纠正历史学习出现的错误中实现错误到正确的转变，从而学会求知。

1. 贯穿"化繁为简"的教学规律，降低学生的理解难度

（1）能图形化则用图形，能表格化则用表格，避免大量文字在课件上出现。

历史的文科特点决定本学科必须和大量文字打交道，但教学对象形象思维的倾向决定了对历史信息的处理适合化繁为简。于是，能用关系图、思维导图、时间轴、漫画、视频来处理的内容，则不用文字教学。在对初中生适用的化繁为简的教学方法中，视频、图片优于表格，而表格又优于文字和数据。

本课按照甲午中日战争过程中每场战争发生的时间先后次序，用横条形图罗列出甲午中日战争的主要战役和对应的重点人物，将课本相关的几段文字浓缩为一页图展现在课件上，且只是单纯展出战争名字和重点人物的名字。

（2）灵活运用漫画、地图教学，穿插学生日常生活熟悉的现象，从学生视角提高本课趣味性，将理性枯燥的史实教学变为形象的历史故事教学，且贯穿时空教学观。

只有教师是水源，才能给予学生充足、清澈、甘甜的水。因此，教师必须是"活到老，学到老"的践行者，才能使课堂鲜活起来。多年前，笔者曾参加过某同科"图说历史"工作室的讲座，非常认同"图说历史"的妙用。在实践教学过程中，发现初中三个年级的学生还是形象思维比抽象理性思维更为突出，虽然抽象理性的思维是历史课堂培养的核心目标之一，但两种思维并非是毫无关联地对立。如果教师能够发现契机，借助教学机制在两种思维之间搭起桥梁，那么形象思维就可以向理性抽象思维转化，难以理解的史实就可以被学生消化。本课突出的优点之一就是结合教学内容，运用四幅漫画引发学生的学习注意，且通过对漫画步步递进地讲解，形象地顺着历史事件开展的逻辑完成了对应环节的教学。

在网络上搜索本课可用漫画的过程中，笔者发现重点的历史事件在当时的国内外媒体都不乏相关时政漫画。中国近代史遭遇的几场侵华战争都可以搜索到不少典型事件的漫画，甚至可以尝试用搜索引擎搜索诸如"***事件漫画"的字眼进行搜索。

本课导入环节，我先用"温故知新"的方法让学生回忆唐朝时的中日关系，PPT展示图片。

时政漫画和唐朝中日关系形成强烈对比，通过提出疑问"为何鸦片战争后的日本对中国的态度出现了大逆转"，激发学生对此产生好奇和猜想而导入课题。

国际意识在历史学科培养学生核心素养与课程标准中提及频率排名第四。历史事件涉及的国际背景学习是运用时空观引导学生思考当时中国和世界之间关系的常用途径。而在介绍甲午中日战争环节中，先用学生日常听闻甚至尝过的雪糕品牌——明治，引入近代日本的明治维新，后用网络搜到的一幅很有趣味的漫画，加上自己增添一些说明的文字，兼顾学生的视听感受，讲述了日本如何差点变为亡国奴，又如何经过明治维新的改革措施变为强国。学生对于这个环节的学习注意力相当集中，该部分是用漫画形式落实时空观在历史教学中的运用。同一历史阶段的世界潮流、他国动态是了解当时中国发生某些历史事件的世界背景，甚至是当时中国一些史实发生的外因。该部分漫画趣味、形象的特点，为学生理解当时甲午中日战争发生的国际背景降低了难度。

用学生熟悉的日本动漫《叮当猫》中的人物形象比作当时走上军国主义道路的日本，便于学生感知军国主义以强凌弱的特点。初中生喜爱动漫，教学中使用学生日常生活熟悉的动漫人物说明一些道理或者抽象名词，会拉近师生关系，提高课堂教学效率。

在介绍甲午中日战争导火索"朝鲜东学党起义"环节，用地图展示日本的大陆政策进行路线，以及朝鲜在日本实现对华意图中的作用，再用时政漫画配合对该部分史实的讲述，使该事件的学习形象易懂。该图中有一隔岸观火的人物形象，正是甲午中日战争《马关条约》签订后对当时中国有瓜分之心的西方列强。还可用于承接本课"瓜分中国的狂潮"的教学。

2. 根据教学需要穿插史料教学，运用"论从史出"的历史教学规律

根据学生反馈，一节新课课件出现的文字不要多，否则引起学生的视觉疲劳，且感到课堂内容枯燥无味。但史料教学不仅是目前历史教学推广的教学手段，也是培养学生在历史学科多种核心素养中"历史解释"这一重要素养的必要条件。曾经有学生提出对历史课堂的期待，课本已有的教师就没必要赘述，否则学生会觉得陈词滥调的历史课对自己没有什么帮助。总有学生有求知欲，甚至学生整体的求知欲很大程度上依赖学识、经历比学生丰富的教师去激发。尽管不是每节课都适用史料教学，但史料教学依然有存在的必要。

本课教学用四段史料丰富课堂教学，补充教材中本课有限文本无法提供的历史信息，拓展学生的知识视野。且学生在课堂上这些环节的注意力普遍集中，证明学生是接受这些史料信息的。

第一，用大型知名网站凤凰网《日本明治天皇：一天宁可只吃一餐也要建立强大海军》补充介绍日军发动甲午中日战争的背景：当时日本自上而下集中加强军备准备侵华，日本国力由此大大增强，令当时的日本有了发动甲午中日战争的力量。日本国情和当时清朝的蒙昧被动截然相反。

第二，在展开甲午中日战争过程中抽取史学家蒋廷黻《中国近代史》的文本"甲午战争未起之前及既起以后，李鸿章用各种外交方法，想得到西洋各国的援助，但都失败了。国家都是自私自利的，利害相同就结合为友、为联盟；利害冲突就成为对敌。各国的外交家都是精于打算盘的。他们觉得中国愈败，愈需要他们的援助，而且愈愿意付出代价。同时他们又觉得日本虽打胜仗，战争总要削减日本的力量。在西洋人的眼光里，中日战争无论谁败，实是两败俱伤的，他们反可坐收渔人之利，所以他们不援助我们于未败之前"，从中划出一些关键句，引导学生通过最快的文字阅读理解平壤之战、黄海大战、辽东半岛之战、威海卫战役中李鸿章从希望调停到避战自保的意图，以及李鸿章的目的为何无法实现的原因。通过这段史料方便学生理解、总结甲午中日战争中方失败的原因。

第三，保留网络参考课件出现的一手史料——英国人《旅顺落难记》当中一段话，让学生从该段文字中感知日军旅顺大屠杀的残忍程度。

第四，用史学家蒋廷黻《中国近代史》中"在甲午之战以前的七年，中国海军没有添订过一只新船"，进一步引导学生对比当时清朝在国防建设方面和当时日本军事力量的巨大差距，总结甲午中日战争中方失败的又一个原因。

3. 设法辅助落实基础常识

对于往届学生常写错的专有名词，用突出的颜色标注易错字，或在课堂上刻意强调专有名词的写法，或标注该词所搭配的标点符号。本课中，邓世昌是在黄海大战中牺牲的，左宝贵是在平壤之战中牺牲的，前面所学的关天培是在鸦片战争中牺牲的。往届学生容易搞混关天培、左宝贵、邓世昌和对应的战争名称，因而用关联法将它们相互配对，变成"邓黄海""关鸦片""左平壤"。

落实《马关条约》各条款内容的教学部分，用表格归纳的方式处理。且用了数字口诀"割三地、赔两亿、开四埠、允工厂"简化该知识点的记忆，帮助学生利用课堂时间加深对该知识点的印象。

在引导学生理解、总结《马关条约》对当时中国的影响部分，采用表格方式比对《南京条约》和《马关条约》条款，引导学生关注《马关条约》的特色条款并思考该条款引发的效应，从而激发学生理解、得出"《马关条约》使中国半殖民地化程度进一步加深"的结论。

4. 借助两种方式考核学生的历史理解和训练学生的历史解释

任何学科完整的学习过程都包含教学对学生的信息输入和学生学习后对信息的输出以检验学生学习效率的过程。历史解释是学习素养，是学生在历史学习中的具体化，是学生信息输出的表现。借助学生运用所学解释历史现象的过程，能够有效检测学生对该部分知识的消化情况。

第一，用中国台湾某明星曾经的"哈日"（崇拜、追逐日本文化）言行，引导学生联系本课所学的《马关条约》逼迫当时中国割让台湾全岛及附属所有岛屿这一历史事实，思考该现象背后的历史缘由。

第二，运用闻一多的《七子之歌·台湾》中"我胸中还氤氲着郑氏的英魂，精忠的赤血点染了我的家传。母亲，酷炎的夏日要晒死我了，赐我个号令，我还能背城一战。母亲，我要回来，母亲"，让学生回顾相关文字对应的知识点。一是中国古代史郑成功收复台湾的史实，证明了台湾自古就是中国不可分割的一部分；二是和《马关条约》其中一条款有关，当时割让了台湾给日本。

二、本课的缺点和调整思路

尽管设计本课和教学实践的过程有享受的乐趣和值得继续沿用、强化的方法，但本课存在以下问题有待解决。

1. 信息含量巨大，课堂环节不完整

由于甲午中日战争国际背景的素材较多，虽然学生有兴致听，但毕竟影响了其他部分的开展。本课重点是"甲午中日战争"，尽管教材是从战争背景和战争经过两方面叙述，但也没必要在该部分占据过多的时间和比例，因后续的《马关条约》既是本课的重点也是难点。在讲学速度方面，整节课只是讲完了"甲午中日战争"部分，第二部分的西方列强瓜分中国狂潮没有时间开展。即使"甲午中日战争"需要用一课时才能讲完，但本课的教学没能进行全课小结和练习题测试，以检验教师教学和学生学习效果，故全课教学环节是不完整的。

调整方向：在甲午中日战争国际背景展开部分删除资本主义君主立宪制的解释，简单说说日本通过明治维新改革全面学习西方政治制度、教育、军事、技术等，改变过往日本诸多问题而变得强大起来，并走上了崇尚武力、对外侵略扩张的军国主义道路（辅以动漫叮当猫人物形象）。

有些史料没必要等待学生阅读完每个字，教师可自行总结，简短地概括其意，传达给学生即可。

小结部分：可以采用口诀记忆法和填空回忆法相结合，先让学生对着课件中带颜色字体的口诀进行短时记忆，然后教师用歌诀填空的方式进行课堂提问，或者以学生接龙回忆的方式进行本课小结。

可精选两道考查本课重点和难点的选择题考核学生对这些关键知识的吸收程度。

2. 整堂课侧重学生被动接收信息输入的过程，自主学习空间有限

本课教学通过学生的表情和对教师课堂提出问题的回应，反映出整体注意力集中。但是因为缺乏习题巩固练习的环节，无法更精确地检测出学生本课的吸收程度。

本课设计了两个学生"输出"所学重点内容的环节。第一个环节，中国台湾某明星"哈日"现象的历史缘由解释以教师个人分析、讲授为主，学生在这一环节上依然是跟随教师思路在吸收信息，而非自己调用所学回答出自己的见解。唯有第二个环节，让学生回忆以前所学，解释诗歌文字的历史背景是教师提问、学生整体回应。

因此，本课真正放手给学生发挥的时间极少，几乎全堂课都是教师对学生单方向的信息输入。

调整思路：设法将其他内容进行删减、简化，争取时间让学生做几道选择题，且有回答教师问题的时间。

　　教师教学能力和班级管理能力是一个教师最核心的基本职业素养，任何一堂课的设计和实践都有改善的空间。教师只有本着对自身工作负责任的态度，积极反思和改善一个个细节才会有专业上的成长。重视在教学上的不足和经验的有效积累，争取在课堂教学上再上一个新的台阶。

对中学历史教学改革的几点看法

深圳市龙岗区布吉高级中学　李志军

中学历史改革已经进行了好几年，无论是理论还是实践都取得了一定的成果，积累了一些经验。大量专家、学者对中学历史教学改革的许多具体问题都有探讨和研究，其中内容涉及历史教学理论、方法、教材内容体系、历史课堂教学等诸多方面。本文对历史教学改革提几点看法。

一、中学历史改革要从中学历史教学的现状出发

重视区域差异和城乡差异，制定相应的教学改革计划和目标。当前中学历史教学的现状存在着许多不尽如人愿的地方，就全国而言，主要体现在三个方面。

1. 历史学科不被学校重视，这是目前中学历史教学中最大的一个现状

许多学校至今还是按国家教育部的计划，把课时开足，并且经常占用其他课的时间来上所谓的主课。这一点尤其体现在初中历史教学上，有的学校干脆就不开历史课，只是在课表上写上历史课的名称，应付上级的检查而已。同时，历史教师和学生也由于学校的不重视转而对历史教学和学习不重视。

2. 中学历史教师的师资力量参差不齐

发达地区的学校师资力量比较强，而偏远山区和落后地区的师资力量就比较薄弱。在薄弱地方有不少学校的历史教师都不是学历史出身，没有受过专业的系统训练；有些历史教师虽然是历史专业毕业，但由于个人能力的差异，专业素质有待提高。

3. 教学观念和教学手段的落后

许多学校教学设备缺乏，没有相应的教学工具、教学参考书，教师只靠一支粉笔、一本书、一张嘴进行教学。并且教师的观念和教法落后，仍然在延续

传统的注入式教学，在设计历史课堂教学程序时沿用老一套，提问和导入没有新意，难以引起学生的学习兴趣。

面对这样的现实，当前的历史改革应该做到两点：一是切实提高中学历史学科的地位，让学校、教师、学生都能真正地把握历史的重要性，而不是只停留在口头上说重要内心却不以为然。须知忘记了历史就等于忘记了昨天，今天将成为明天的历史。要求学校、教师、学生共同努力，做好中学历史的教学工作。二是要加强历史师资队伍的建设，对历史教师进行全方位地充电。年轻教师一方面要认真钻研教材、认真备课，上好每一次课；另一方面要博览全书，扩大视野，更新教育观念和手段，不断注意学习他人的经验，力图在教学实践中总结出适应自己的教学风格和教学艺术。同时，学校一方面要为历史教学的提高提供相应的条件，比如订购一些教学参考资料、更新教学设备、开展一些教学交流活动；另一方面也要制定相应的考核制度，对其进行严格标准的教学检查。

还有一个值得注意的问题，目前许多专家学者在谈论到中学历史教学改革时纷纷提出各自一系列的要求、方法、原则、步骤、目标，而在这其中往往忽略了中国各地历来发展的不平衡以及存在着严重的区域差异和城乡差异。在东部发达地区和西部落后地区、城市和乡村之间，无论在教学投入、教学设施、教学环境还是校园建设、师资力量、生源素质，前者都明显地高过后者。正是因为存在着这样大的差异，中学历史教学改革的步骤和目标在一定的历史时期内不可能达到一致。应该由各地的历史工作者根据本地教学的实际情况，在历史教学改革的总体目标下，制定与本地相适应的改革计划和措施。

二、历史教学改革要建立在对以往历史教学模式扬弃的基础上

目前的历史教学改革既要继承和发扬以往历史教学中有用的经验，也要摒弃其中不合理的部分，使改革少走弯路。新中国成立以来数十年的历史教学，在教学原则、方法、教材体系方面既积累了丰富的经验，也存在着不少的弊病。对于有益的经验，我们要加以肯定和继承，如比较重视历史基础知识的传授、重视培养教师的思想政治素质和重视教师在教学中的主导作用。然而对于历史教学中陈旧、过时和不合理的部分，我们也要坚决地摒弃，代之以科学、有效、富有时代精神的教学理念、方法和手段。在这方面比较突出的问题有教

学理念落后，认为历史教学主要是为了应付考试，没有素质教育的概念；教学手法单一，大多数的历史教师还是沿用几十年的教学手段，注重讲授，教师讲台上一讲到底，搞一言堂，对学生欠缺启发，实行注入式教学即填鸭式教学；课堂教学程序长久不变，课堂导入和提问没有新意，不能引起和激发学生的学习兴趣，造成教学气氛沉闷，教学效率低下；教材中有的内容观点有误等。

对此，历史教师应该根据学生的年龄特征和知识水平，遵循历史学科的严谨体系，采用比较科学有效的启发式教学，活跃历史课堂气氛，增强师生互动，提高学习效率。那什么是启发式的教学呢？首先，启发式教学不是一种具体的教学方法，而是一种教学思想、教学观，它应该渗透到教学的各个方面并贯彻教学过程的始终。启发式的教学既要体现教师的主导作用，遵循学生认识规律，系统讲授科学知识，并要最大限度地调动学生的积极性，让学生进行思考，充分发挥学生的主体作用，达到培养学生各项能力的目标。展开来说，运用启发式教学需要注意：一要重视教师的主体作用，教师要熟练掌握教材，也要深入了解学生，使教学思维符合认识过程的辩证原理；二是启发要有一定的根据和目的，紧扣教材的教学要求，做到学生学习动力的启发。启发式的内容很多，有知识的启发、能力的启发、感情意志等方面的启发，而动力启发是学习历史的起点，没有动力这个因素，其教学效果只能是有"启"无"发"；三是及时反馈启发的效果。启发式的最终目的是让学生扎实地掌握和运用历史知识分析问题和解决问题和能力，养成科学的历史观。因此在启发式教学之后，要通过各种手段检测学生对知识掌握的程度和能力的高低，及时弥补教学中出现的不足之处。

三、做到寓教于乐与寓学于乐的统一

这是历史课堂教学一贯的目标，也是大部分历史教师面临的一个难题。对于历史教师来说，要实现这一点首先要有对历史教学这份工作的热爱，其次要在教学上下一番苦功。当前的许多历史教师教学一般依靠的是教材和教参，这都是上课所必需的。但上好一堂历史课光有这些东西也是不够的。历史教师不能在课堂上就教材照本宣科，或者把教参直接作为自己上课的教案，这样对教师的教授和学生的学习都是有缺陷的。因为这都是别人准备好的东西，固然全面，但不是通过自己的思考总结出来的，在使用过程必然不那么地得心应手。

并且由于授课对象的区别和授课条件的限制，可能在教学中出现一些问题，导致教参中预定的教学效果不那么明显，久而久之，导致学生对自己失去原来的热情。面对这一情况，必须做到寓教于乐和寓学于乐的统一。如何做到这一点呢？笔者认为应从下面几个方面着手。

一是教师要精神饱满，工作热情，认认真真地备课，在教学上采用比较新的手段，借鉴新的教学研究成果，科学合理地安排课堂教学程序。

二是在讲授过程中要有自己独特的教学风格和语言艺术，力图实现个人教学的感染力和亲和力，语言的准确性、鲜活性、生动性，能够让学生通过教师的语言唤起历史重演或再现。

三是注重掌握利用现代教学条件和手段，有效使用教具直观教学、幻灯片教学，特别是现在的多媒体教学，彻底改变以往的历史教学面目，使之进入一个崭新的阶段。学生可以通过视听的强烈感觉，更加直观地学习历史，从而加深对历史的理解。

四是设计精彩的导入和提问。以往的课堂教学模式的导入经常是这样："今天我们讲第*课，讲课之前我们复习上一节课学习的内容。"然后就上节课的内容询问学生。这种导入模式不能说不可以使用，但是如果成为定式，势必影响学生的学习兴趣，因此应该适当设计精彩的导入和提问，这是增加学生学习兴趣、提高学习效率的一个非常有效的方法。俗话说，好的开始是成功的一半，教师如果在导入时紧紧抓住学生的心理，那么接下来学生必然会仔细倾听。至于采用什么样的导入方法，教师可以根据上课的内容和特点，或悬念导入，或故事导入，或情景导入，或问题导入等。做到教师乐意教学、学生能在学习中体会到乐趣，从而达到寓教于乐和寓学于乐的统一。

由秘密引起的反思

深圳市龙岗区南湾学校　张　瑞

在讲授《北美大陆上的新体制》一课时，我实行了小组探究式学习，给学生布置小组讨论任务：每个小组在本课中发现六个问题（每个小组六人），然后分享自己发现的问题，其他小组进行解答。

课堂一开始都在按照自己的"剧本"进行着，小组提出的问题都是我备课时候预料到学生会提的问题，比如这些北美的人为什么要闹独立、为什么萨拉托加战役是转折点、《1787年宪法》的主要内容是什么、《独立宣言》的意义是什么等，这些从背景、经过、结果常规分析角度提出的问题也得到了其他小组的迅速回答。课堂有序地进行，自己也感觉比较满意。

正当自己沾沾自喜的时候，一个学生站起来说：为什么美国制宪会议是秘密召开的？

我当时一下也懵住了，备课的时候还真没注意到这个细节。"1787年5月—9月，由华盛顿主持的制宪会议在费城秘密举行。"我在课本上看到这段话顿时有些自责。

显然这位学生的问题把大家难住了。有的小组在激烈地讨论；有的小组显得茫然，不知从何谈起。面对这个教学过程的"突发"事件，我也有些不知所措。

这时，我问这名学生："你认为美国的这些设计者们出于怎样的考虑，使制宪会议需要秘密进行呢？"

这名学生也摇摇头。

我说："同学们，我们在这本书上找找，看还有什么地方出现过'秘密'字眼的？"

很快就有学生说在《英国的制度创新》一课里，解释"内阁"的时候出现了"英国国王挑选少数贵族充当顾问和助手分管政府几个部门的工作，他们经常在一个小密室里开会，内阁和内阁会议由此得名"。

这时候我就引导学生说："大家看看这两个会议都是政府比较重要的会议，需要保密，只能秘密进行。"为了佐证自己的观点，我提问学生："大家还记得清朝军机处的特点吗？"

有学生就说是"勤、密、速"。

我说："看，这里也有一个'密'，这就是说明在高层决策的时候是需要秘密进行的。"

这堂课结束后，"为什么制宪会议是秘密召开的"这个问题始终萦绕在我的脑海中，学生的这个提问恰恰突显出新课标中强调培养学生的问题意识。借助这个问题实现学生历史学科核心素养的培养，这是一次多么好的机会啊！但是自己并没有抓住，这是一堂失败的课。

从教七个年头，是不是也到了我和"讲台"的"七年之痒"了？刘岸英老师在其《反思型教师与教师专业发展》一文中说："20年的教学经验，也许只是一年工作的20次重复。（除非）善于从经验反思中吸取教益，否则就不能有什么改进。"我感觉我的教学工作就是在不断地重复，这样自己不能成长，对学生更是一种"摧残"。

美国学者波斯纳提出"经验+反思=成长"的教师成长公式；叶澜教授说："一个教师写一辈子教案不一定能成为一位名师，但是写三年反思就有可能成为名师。"这些理论经常挂在嘴边，但真正深入地从课堂细节处反思并不多。没有深入地反思，便不能得到深刻的认识；没有深刻地认识，便不会有长足的进步。

杜威说反思是"对某个问题进行反复的、严肃的、持续不断的深思"。这说明反思并不是简单地写几个教学后记那么简单，要有"解剖麻雀"的精神。练琼霞老师在其《教学反思是教师提高教学水平的重要途径》一文中认为，教师的反思就是用批判的眼光，多角度观察、分析、反省自己的教育教学思想、观念和行为，并做出理性判断和选择的过程。

再次审视自己的这个教学片断，我觉得自己在以下几个方面做得不够好。

一、偏于形式的课堂

虽说在不断地适应新课改的教学理念，也采用小组讨论的探究性学习，注重突出学生的主体性，但是课堂还是偏形式主义，当课堂出现突发状况的时候并没有结合课堂情境的变化对教学及时做出调整，反而将课堂拉入自己的轨道上来。在课堂的实际教学效果和课堂过程的完整性中选择了后者，让课堂流于形式，这是舍本求末。

二、教研不够深入

在备课过程中对教材的研究不够细致，对课程标准的研究不够深入，更没有深入高考真题研究。关于"1787年制宪会议"高考考过，2013年的全国II卷的33题就是考查美国制宪会议的背景，考查的也是非常细节的地方，已经涉及到了具体的年份。作为一位高中教师一定要深入地研究教材、研究课标、研究高考。研究教材和课程标准是在分析历史课上应该给学生呈现怎样的历史史实，培养学生怎样的历史逻辑思维能力；研究高考可以验证和矫正自己在教学设计过程中是否符合当下历史评价的方向。想设计一堂有效果的课堂，这些研究必须深入。

三、对于制宪会议为何秘密举行的解析逻辑不够清晰

学生并没有真正理解秘密制宪的原因，在课后我反复思考这个问题。在当时的情境下，我应该这样处理。

首先，应该和学生探讨"秘密"的概念，得出主要的意思是信息在几个人（小范围）内传播，突出"范围小"，进一步推出因为范围小做事的效率就高，因为秘密进行就不会被外界的民意干扰和影响；其次，再将这样的推论运用到其他的"秘密"场景中，比如英国早期内阁、清朝的军机处等，由这些案例来印证；最后，将雅典民主大会召开的场景和制宪会议的场景进行对比，进一步突出代议制民主和直接民主之间的区别，也能让学生初步具备对两种民主制度进行评价的能力。这样的处理可以培养学生的逻辑思维能力，进而提高学生分析问题和解决问题的能力。

在后面进行单元复习的时候，我首先给学生道歉，说明上次关于"美国

制宪会议为何秘密举行"的这个问题老师处理得不是很妥当，再次将这个问题抛出来，让学生进行讨论。这次的讨论给予学生更大的自由，可以提出自己的看法，不管是否有逻辑，只要有自己的思考在里面都可以。学生的讨论非常热烈。经过不断地引导，学生都说启发很大，问题意识也得到提高。在随后的教学过程中学生的提问也越来越有深度。

在复习北宋治国策略的时候，我概括到北宋治国基本策略是重文轻武，学生问我："老师，北宋立国的时候少数民族政权已经有了辽国，周边的少数民族政权这么多，为何还要重文轻武呢？还有北宋的都城在开封，那里也没有什么天险，没有军队怎么保证国家的安危呢？"

在讲述到新航路开辟的时候，讲到由于在丝绸之路上兴起一个奥斯曼土耳其帝国阻断商路，欧洲商人不得不寻找一条新的商路来替代。学生问道："这个帝国为什么要阻断商路呢？这样的一个发财之路，他们为什么不做生意赚钱而是要阻断呢？"

这些具有深度的问题经常出现在课堂，学生的这些"逼问"一次次将我逼到尴尬的墙角。也正是由于学生的不断"逼问"，让我的能力得到了提升。因为要"预防"学生的这些提问，我不得不在备课的时候深研课标。2017年版的课程标准摆在案头，空闲的时候就逐字逐句地看，吸收这些专家们奉献出的精华。在备课时虽不能唯教材是举，但是教材也是专家们呕心沥血之作，其中有很多细节部分值得我们深究，仍是我们备课时的重要依据。钻研全国卷高考真题，将2011年—2017年这几年的全国卷进行整理，打印成册，一套一套地钻研。

经过这个"秘密"的提问，让我真切地体会到教学相长。

参考文献

［1］刘岸英.反思型教师与教师专业发展［J］.教育科学，2003，19（4）.

［2］练琼霞.教学反思是教师提高教学水平的重要途径［J］新课程（教育学术版），2009（9）.

针对香港、澳门、台湾和华侨全国联考历史学科的思考

深圳城市学院港澳台联考中心　杨 帆

　　港澳台联考是祖国大陆对港澳台招生适龄学生攻读国内高校的一种考试。这类考试也被称为高考，只是所考内容有所差异，主要增强粤港澳三地的经济文化交流和让台湾学子了解祖国大陆、服务祖国大陆。

　　港澳台联考历史学科作为主考科目中非常重要的一门学科，总分为150分（选择题20道，共60分；材料题2道，共30分；简答题3选2共60分）。对于联考文科学生来说，得历史者得天下，对于历史的重视也是可想而知的。但由于从小接受的教育方式和教育水平的差异，在历史的教学中需要教师做的准备就更多。在这几年的联考教学经验中，笔者有些思考与大家分享。

　　首先，针对考试的内容来说，自2017年的考纲变化之后，从真题的研读中发现对于学生掌握历史经济角度的内容更多，考查方式多样化。

　　整体考查从只注重历史事实到加重分析的内容，中国通史和世界通史中都弱化战争对中国的打击，而是从基础史实入手考查战争背后的经济因素以及对于中国近代化的影响。在中国古代史部分侧重对于基本历史的了解，内容非常详细，对于中国文化的发展考查增多。在材料题部分侧重对于古代经济发展的分析。与前几年的真题比较来看，新考纲将侧重于对古代史更全面、更丰富的内容考核，并不避讳热点话题。比如2017年的简答题中就提到汉唐丝绸之路的经济文化交流，这是平时的学习中都有注意到的内容，所以学生在这里就要注重史实的综合分析，需要记忆的内容就更多。

　　其次，就一轮复习的方法来看，对每个章节都要进行详细的阅读并编制相关试题进行命制。就联考的试题来看，知识已经涉及历史地图、书中注解等内

容，所以要更细心地命制相关内容的试题，并可以借鉴旧大纲版历史教材进行辅导。在一轮中主要让学生架构起对于每个时期、每个阶段历史的认识，并对史实进行训练，以便在二轮时综合提高。这一部分需要督促学生进行大题的识记。

最后，在二轮冲刺阶段主要进行归纳总结，归类是非常重要的加强史实连贯性及对相关历史现象的更深层次分析，在最后一个月中进行几次冲刺模考。

以下将教学中一节课的教学设计内容进行分享，课题：明清时期社会经济的发展和资本主义萌芽。

一、一条鞭法和摊丁入亩

1. 一条鞭法（1581）——首辅张居正

目的：缓和阶级矛盾，解决财政困难。

内容：田赋、徭役、杂税合一，按田亩多少征税，用银两交纳。

特点：①赋役合并，相对减轻农民负担；②纳银代役，人身控制日益松弛；③赋役征银，适应商品经济发展，有利于农业商品化。

2. 摊丁入亩（1723）——雍正帝

内容：将丁税平摊入田赋中，征收统一的地丁银。

影响：① 积极：人头税废除，人身控制进一步松弛，利于工商业发展。

　　　② 消极：刺激人口急剧增长，造成日益严峻的人口问题。

二、农业

棉花种植由江南推向江北；引进新品种玉米和番薯，粮食总产量大幅度增加；经济作物的种植面积扩大，形成专业生产区域。

三、手工业

生产工具革新提高质量、效率，出现纱绸机；双色套印技术传播；分工日益细密，促进地区或行业新的社会分工；生产规模扩大，产量大幅增加，如广东冶铁。

四、商业

国内市场扩大，品种达到两百余种，区域间长途贩运贸易发展较快；北京和南京成为全国性商贸城市，全国出现数十座较大的商贸城市；商品经济向农村延伸，工商业市镇蓬勃兴起。

五、资本主义萌芽

明朝中后期，江南纺织业形成独立的手工工场，"机户出资，机工出力"的雇佣关系出现。清代资本主义萌芽继续发展，部门和地区增多。

资本主义萌芽发展缓慢的原因：农民贫困购买力低；商人买房置地；关卡多、税重限制规模；闭关政策。

六、对外贸易

禁止国人出海贸易，限制外国商人来华贸易。中国的出口商品仅占市场商品总量的百分之三左右，对外贸易份额极小，难以促进工商业发展。由于长期与世隔绝，中国落在世界潮流后面。

相关真题实例：2017年第21题

材料一：

明中后期，随着商品经济的发展，各地弃农经商的现象日益增多。"末富居多，本富居少，富者愈富，贫者益贫。"在此基础上，逐渐形成了一些各具特色的地方性商人集团，如"富室之称雄者，江南则推新安，江北则推山右。新安大贾，鱼盐为业，藏镪有至百万者，其他二三十万，则中贾耳。山右或盐，或丝，或转贩，或窖粟，其富者甚于新安"。这些商人集团对各地经济产生了极大影响。

——摘编自杨国桢、陈支平《明史新编》

材料二：

民业……远而业于商者，或商于广，或商于闽，或商苏杭，或商留都……近而业于贾者或货食盐，率担负鬻于本县诸民家……或货米谷……或货材木……或货海鱼者……颇有美利。

——摘自（明）嘉靖《太平县志》

回答：

（1）根据材料一并结合所学知识，指出明代地域性商人集团兴起的背景。

（2）根据材料一、材料二并结合所学知识，简析商帮兴起对当时社会的作用。

参考答案：

（1）①明朝中后期，商品经济发展，各地弃农经商的现象日益增多；②地方性商人的大量出现；③明朝中后期，政府对社会控制的减弱，无法贯彻重农抑商政策，为商人集团的兴起提供了宽松的社会环境；④区域性经济的专业化发展为商人集团的兴起奠定了经济基础。

（2）① 积极作用：A. 有利于促进不同地域之间经济的联系，极大地促进了商品经济的发展；B. 有利于促进区域间长途贸易的发展，带动地域性商业城市的发展；C. 有利于实现不同区域间物资的自由交流，满足人民的物质需求，一定程度上提高人民的生活水平；D. 有利于促进自然经济的解体、资本主义萌芽的成长。

② 消极作用：A. 加剧了社会中贫富的两极分化，导致"富者愈富，贫者益贫"；B. 导致社会的流动性加快，社会秩序不易维持，对于封建统治者是一大挑战。

分析：此题选取明清时期社会经济发展和资本主义萌芽为考点，在两个问题的分析里渗透了明清时期经济发展的基本特点，对知识点的识记能够有效地运用到材料的解答中。

从以上试题分析不难看出，近年来联考试题日益趋向高考的命题思路和命题要点，在高考中强调历史的学科素养，更深层次地发掘、发现人才。联考在此基础上减轻考查的难度，但是总体方向是一致的，符合社会主义核心价值观，以政治和平、经济发展、思想开放为基准进行命题，让港澳台的学生更多地体察国情，了解优秀的传统文化。现在各高校也针对港澳台学生展开了关于国情类课程的学习，在这方面有利于培养学生的爱国思想，也有利于港澳台维护祖国统一的主流不变。

中学生史学阅读的思考与实践

深圳市布吉高级中学　赵小彬

新一轮课程改革正在如火如荼地进行，在广大一线教师的努力下，中学历史教学的内容日益丰盈充实。结合地方历史文化资源的校本课程层出不穷，极大地拓展了历史教学的边界。各类历史活动在校园中热火朝天地进行，口述史研究、社科知识竞赛、历史话剧社、历史漫画比赛等，使历史学科充满了新鲜灵动的气息。各类历史学科活动形式不同，但殊途同归。教师希望借助这些活动激发学生学习历史的兴趣，拓展视野，提升历史学科核心素养。除了上述提到的一些活动形式外，笔者认为中学生史学阅读也是提升历史学科核心素养的重要途径之一。本文主要从中学生史学阅读的思考与实践两方面谈谈自己的粗浅看法。

提到史学阅读，大多数学生认为就是读教科书。教科书是教师和学生学习历史的主要载体，但并非全部。实际上，学生把教科书当作历史学习的全部绝非个例。笔者曾对一个年级的文科生（491名）做过一份问卷调查。在491名文科生中，读过5本以上的历史书籍的学生有102名，不足1/4；认为史学阅读与历史学习之间有联系的学生有213名，不足1/2。在"历史知识的主要来源"这一问题上，有247名学生选择了历史教科书，有181名学生选择了"网络和影视剧"。由此可见，学生尚未认识到史学阅读对于历史学习和个人成长的重要性。因此，厘清中学生史学阅读的重要性显得尤为必要。

一、中学生史学阅读符合教育改革的发展趋势

虽然教师在日常教学中会渗透历史学科的思维方法，但在紧张的课时安排以及考试压力下，为了取得高分，师生关注的重点主要是应试考试的内容和技巧。但这显然无法应对当前的教育改革。2017年9月，中共中央办公厅、国务院办公厅印发了《关于深化教育体制机制改革的意见》，要求"在培养学生基础

知识和基本技能的过程中，强化学生关键能力培养"。"关键能力"是考查学生历史核心素养的重要维度之一。《普通高中历史课程标准（2017年版）》明确规定："学科核心素养是学科育人价值的集中体现，是学生通过学科学习而逐步形成的正确价值观念、必备品格和关键能力。""关键能力"主要包括认知能力、合作能力、创新能力和职业能力。史学阅读在培养学生的关键能力方面有着巨大的优势。以认知能力为例，在阅读过程中，学生会了解更多历史事实的来龙去脉，品评历史人物的功过是非，知道史观、方法、史料的选择对历史学习与探究的影响，有助于改变学生对历史单一刻板的思维，拓展史学视野，培养逻辑分析能力和实证精神，促进历史核心素养的落实。

二、中学生史学阅读，是进行课堂深度学习的必要条件

《普通高中历史课程标准（2017年版）》建议："引导学生深度学习，促进学生带着问题意识和证据意识在新情境下对历史进行探索，拓展其历史认识的广度和深度。"深度学习这一概念由美国学者Ference Marton和Roger Saljo在1976年共同发表的《学习的本质区别之一：结果和过程》一文中首次提出，国内学者对深度学习也多有研究。华东师范大学崔允漷教授将深度学习的基本内涵界定为"学生基于教师预设的专业方案，经历有指导、有挑战、高投入、高认知的学习过程，并获得有意义的学习结果"。学生若想课堂上具有"高投入、高认知"的学习过程，需要对教师预设的学习内容提出的问题，具备深入思考的能力。历史教科书囿于篇幅限制，结论性表述较多，对历史细节的描写不够。所以史学阅读可以弥补教科书的不足，增加知识储备，提升学生的思维层次。以"鸦片战争"为例，学生在初中已经对鸦片战争的发生的原因、过程、影响都有一定程度的了解，高中教学应该把鸦片战争放在百年中国近代史的背景下理解和思考。教师可以设计问题："鸦片战争之后中国签订了一系列丧权辱国的不平等条约，然而清政府却在之后的对外战争中仍然屡战屡败，原因何在？"学生可能会回答是清政府的腐败、封建制度的落后等。教师继续追问："清政府腐败就一定会导致战争的失败吗？"教师可以摘编茅海建《天朝的崩溃》第八章《历史的诉说》一文，引导学生阅读、分析在面临西方侵略时中日两国的统治者心理活动、战略选择、应对措施以及民众态度等，学生在此过程中可以加深对鸦片战争失败原因的理解和思考，从而达到深度学习的

目的。

基于以上两点思考，除了在教学中增加史学阅读材料，还应积极鼓励学生利用课外时间进行阅读。

1. 推荐书目

精选适合中学生阅读的书籍，既要充分考虑学生的兴趣点，也要顾及各个层次学生的阅读能力。

2. 指导学生史学阅读的方法

《新文化运动》在高中阶段是必修三的思想文化史非常重要的一课，高中课标要求"概述新文化运动的主要内容，概述其对中国近代思想解放的影响"。与八年级《新文化运动》课标对比，高中课标要求的内容学生在初中已经基本掌握。那么这里就有一个值得教师思考的问题，如何处理学生已经基本掌握的内容？是按照课标要求还是另辟蹊径？高中阶段的学习不仅仅是要知道结论，更重要的是要知道结论如何而来、结论是否客观、有无商榷之处。

因此笔者以"《新青年》是新文化运动的宣传阵地"为主题，进行阅读教学尝试。

师：众所周知，《新青年》创刊于1915年，是新文化运动的宣传阵地。而在此时已经有创刊十年、颇受欢迎的《东方杂志》，也有初露锋芒的《甲寅》，为什么《新青年》可以成为新文化运动的宣传阵地？

材料一：

20世纪初著名报纸杂志，见下图。

创刊于1904年　　　　创刊于1914年　　　　创刊于1915年

师：请同学阅读史料，了解《新青年》创办初期的概况。

材料二：

师：蔡元培慧眼独具，不拘一格，力邀陈独秀执教北大。陈独秀考虑再三决定北上，同时将《新青年》杂志的重心由上海转移到北京。

师：陈独秀利用北大这个平台，邀请众多教授为《新青年》撰稿。

师：陈独秀采取的这些措施，类似于今天的新闻"炒作"，让《新青年》进一步提高了知名度。那么《新青年》又是如何"红"遍全国，受到全国的青年知识分子热烈追捧，进而成为一场宣扬新文化运动的阵地呢？

材料三：

1919年5月4日北京大学生示威游行，见下图。

材料四：

1919年8月长沙文化书社成立。半年之内，该社销售《新青年》达2000本。

——张允侯等编《五四时期的社团》（一）

材料五：

直至五四运动爆发后，《新青年》在成都的销售才顿然改观。1919年底，吴虞在成都销售新书刊最有名的华阳书报流通处，翻阅其售报簿，内中有两处记录令他诧异：一是守经堂亦买《新青年》看；二是成都县中学一次购买《新青年》等杂志22元。

——吴虞《吴虞日记》上

师：结合材料四、材料五分析说明，《新青年》杂志为什么会风靡全国？

生：略。

师：在五四运动的启蒙下，传播新思想的白话文刊物大量涌现，全国有400多种之多。北大的学生是五四运动的先锋队，《新青年》杂志以北大为依托，使得革命家的激情和理想与知识分子的学识和涵养得到完美结合。《新青年》杂志在全国青年学生、知识分子中的知名度空前提高，他们积极投入到这场宣扬"民主、科学、个性、自由"的新文化运动中。所以，《新青年》成为新文化运动的宣传阵地。

通过上述分析可以看出，《新青年》并不是从创刊起就广受欢迎、影响巨大，而是从一本籍籍无名、濒临停刊的杂志逆袭成为宣传新文化运动的翘楚。这其中有以陈独秀为代表的知识分子的不懈努力，也有革命形势的促成。学生在日常阅读历史教科书和课外历史书籍时容易先入为主，以为知道了某个结论便知道了历史的全部。学习历史，知识的获得只是学习内容的一小部分，更为重要的是培养历史思维。正如刘芃所言："历史思维的提升，最有效的办法也是最朴实的办法，在教科书和通史著作之外接触一些原著和原始材料，就像学医的人一定要进行解剖实习一样。永远在别人绘制的解剖图上徘徊，是找不到感觉的。"阅读教学，重回历史现场，使学生逐步学会用辩证、批判的思维，由表及里，层层分析，归纳总结，这是学生在史学阅读中应该掌握的方法之一。

3. 定期举办读书分享活动

每周第一节历史课的前10分钟由一名学生分享他近期读书的感悟，主题、内容、表现形式都由学生自主决定。令人欣喜的是，学生对史学阅读表现出了极大的热情，每次的课前演讲都准备得非常充分。这个活动举行了将近一年，在这一年中，我看到学生不仅获得了更多的历史知识，锻炼了表达能力，甚至还具备了一定的批判性思维。例如黄碧云同学将一个耳熟能详的"烽火戏诸侯"的故事讲出了新意，她引用《史记·周本纪》和《吕氏·春秋》中有关西周末年周幽王"戏诸侯"的记载，但两则史料的内容却有较大差异。《史记》中的记载是"烽火戏诸侯"，《吕氏春秋》中的记载却是"石鼓戏诸侯"，究竟是"烽火戏诸侯"还是"石鼓戏诸侯"？黄碧云同学提出了自己看法，她认为烽火戏诸侯应该是后人杜撰的故事，用烽火传递战争情报是汉朝在对战匈奴时使用的手段，并非西周时期，所以西周时期用石鼓传递军情的可能性更大。这可能不是成熟的，甚至不是正确的想法，但难能可贵的是她有了自己的思考。衡量一个学生历史学得好不好，不是他记住了什么，而是他是否学会质疑、批判、求证，是否具备独立思考的思维品质，这才是学习历史的终极目的。

史学阅读不仅带给学生成长变化，而且也是教师进行历史课堂教学的重要途径之一。从他们的演讲内容可以看出学生学习历史的兴趣点，他们喜欢探究历史人物，慈禧、溥仪甚至是明清的太监都成为学生讲述的对象；喜欢风趣幽默的书籍，渴望了解那些教科书上没有的历史细节、风俗人情。这些对笔者的备课、教学带来了很多启发和思考，从学生的角度来看待历史教学。正如陶行知先生所言："老师学会变小孩子，才配做小孩子的先生。"在教学中，有了学生的"眼光"，有了学生的"兴趣"，有了学生的"关注"，这样的课堂更能激发学生的情感共鸣，更能激发学生对历史的探索。

4. 中学生进行史学阅读

一方面可以充实学生的历史知识，了解最新的研究成果，逐步掌握历史学习与探究的方法，培养学生的逻辑分析和独立思考的能力，有助于学生形成科学的思维方式、良好的思维品质和正确的价值观。同时，中学生史学阅读也为教师的教学工作提供了更多的素材与思路，有助于师生在课堂上的学术互动，提高课堂效率，促进学生深度学习的达成和历史核心素养的落实。

第五篇

教 学 感 悟

5

观念·细节·过程·成功

深圳市龙岗区布吉高级中学　姜少梅

　　布吉高级中学地处全国有名的文明村——深圳市南岭村。但作为一所区属普通中学，我校与深圳中学、实验学校等众多深圳名牌中学相比可谓名不见经传，属于名副其实的"第三世界"。在2006年深圳市公立高中高一新生录取时，我校20个班，近千名学生，总分600分以上的优等生只有一个，平均分全市最低。怎样才能让比较贫瘠的土地开出鲜艳的花朵，怎样才能让基础差的学生体验成功的快乐，这是长期以来困扰我们的难题，更是我们孜孜以求的奋斗目标。经过不懈努力，学生不断超越自我，创造了属于自己的奇迹，令兄弟学校刮目相看。作为任课教师，我主要从以下几个方面入手。

一、更新观念

　　古今中外，凡是教育都离不开一个字——爱，尤其是对于基础差、自卑感重的学生。爱也许不是万能的，但爱是枯木逢春的前提，能够化腐朽为神奇。2004年7月，我参加市教育局的海培班，到美国加州协和大学学习。在赴美之前，我觉得我已经够爱我的学生了，但当我到美国后，我仍被美国许多同行的爱心和敬业精神所感动。尤其是我的导师Adam，我深受他的教育理念——Love philosophy（爱的哲学）的影响。他能捕捉到每个学生的闪光点，让每个学生都感受到他的爱，使每个学生都扬起自信的风帆，不管这个学生在别人看来是如何的不可爱。在他的影响下，我的学生在我眼里不再单纯是我的学生，他们更像是我的朋友与家人，我与他们一起分享学习和工作的心得、生活的体验感悟、探索的乐趣。成绩再差的学生我都一视同仁，使他们能充分感受到老师的平等、博爱，心中常有温暖的感觉。学习固然重要，但若学生能学会做人、学会生活，充满激情和梦想，学习效果会事半功倍。观念转变引发行为的改变。

二、关注细节

也许因为我是个心较细的女教师，在教学中，我特别关注细节。针对绝大多数学生自卑感较强、学习习惯较差、上进心不强的特点，我有意识地培养学生的"一态"和"四心"。

所谓"一态"指健康、乐观、宽容、大气的良好心态。泰戈尔的名言"只有地狱般地磨炼，才能炼出天堂的力量；只有流过血的手指，才能弹出世间的绝响"日益深入人心。"Try our best""Do our best"（尽我们最大的努力）是我们的口头禅。而当遭到挫折时，善于调节自己、善待自己，"太阳每天都是新的""明天又是新的一天"。南森的"在人生的道路上，要哭就哭、要笑就笑吧，只是别忘了赶路"是我们的座右铭。有一次，我生病住院几天，学生给我发了许多的慰问短信，其中的一句是"老师，没有越不过的坎，没有渡不过的河"，至今想来都令我感动和欣慰。瞧，他们分明已长大，变成了我的老师。

所谓"四心"指信心、恒心、决心和感恩之心。我每个月订的杂志如《读者》《旅行家》《Crazy English》《English Salon》都成了学生的"共产"，装入班级的"圣库"。遇到好的内容，我们经常一起分享。2006年《读者》杂志有一期介绍江苏扬州的盲人摄影家——谈力的文章，其中有几句是这样的："神话与现实并无界限。一百多年前，飞机就是个神话；谈力之前，盲人摄影业是个神话。你要做的就是比你想象得更疯狂一点儿。只要你去做，有什么不可能呢？只要你去做，你就是自己的奇迹。"是的，虽然学生基础差，但只要努力，有什么不可能呢？只要去做，我们每个人都是自己的奇迹。筑巢引凤，小小地付出，换来的是学生观念的转变。他们的视野开阔了，对外部的世界充满了好奇，上进心、求知欲大增。

紧张地学习对于很少吃过苦的学生来说，无论是身体还是心理都面临极大的考验。我买了两盆花放在讲台上，一盆是火鹤，另一盆是仙人掌。火鹤代表着我的祝福，我祝愿学生将来能像鹤一样展翅飞翔；仙人掌代表着我的希望，因为要飞得高远，要飞到天高云淡处，必须具备仙人掌吃苦耐劳的精神。学生自发地在花盆上签名，写下了"勤奋""努力""我的未来不是梦"等字眼。2006年4月，在全校高考誓师大会那天，我用了整整一节历史专业课的时间跟学生共同谱写、喊出了我们的高考誓词："十二年磨砺，立志凌绝顶；五十日竞渡，破浪展雄风。凝聚力量会高考，齐心大干五十天！燃烧青春，追求梦想！拼搏，拼搏，再拼搏！超越，超越，再超越！"我们坚信"一切皆有可能"。

关注细节还体现在关注学生其他学科的发展，关注学生的生活等点点滴滴，高度关注学生的反应，及时与学生沟通，听取他们的反馈意见，调整自己的教学，与学生形成互动，保持深层次地交流。

三、注重过程

注重过程体现在日常教学中，有意识地营造历史课堂的独特味道和美感。如上岳麓版必修一第一单元的《中国古代的中央集权制度》，我的服装也选择旗袍等中国传统服装；上英国的《渐进的制度创新》，我穿的是欧式的古典淑女裙，背景音乐是Westlife（西城男孩）演唱的《*You raised me up*》（你鼓舞了我），歌曲中苏格兰风笛的悠远、沧桑一下子让人有时光倒流的感觉，仿佛置身于遥远的时代。

注重过程也体现在充分发挥学生的主体作用，让学生动脑、动口、动手，真正地动起来。为了培养学生的历史感，培养学生的想象力和合作精神，两位学生一组做一份历史手抄报，此举特别让那些讷于言而敏于行的学生有了一番展示自己的天地。分组让学生做一些课件，偶尔客串当一回教师，也让他们别有一番感受。每星期课前的新闻发布会，如《缅怀中山精神》《长征胜利70周年怀想》《世界艾滋病日》等，既锻炼了学生的语言表达能力和自信心，也培养了学生关心时事、关注民生的良好习惯，学生的社会责任感普遍有所增强。

注重过程还体现在善用多变的教学方式。胡适说："问题丹，兴趣散，信心汤。"学生有了信心，更重要的还要有兴趣，兴趣是最好的老师。记得小时候家里经济比较拮据，但我母亲总是想着法子、变换花样，让我们全家即使粗茶淡饭也吃得有滋有味。在某种程度上，教师就像一个善于煎、炸、烹、煮的烹饪大师一样。无论是导入新课还是教学过程，我喜欢采用多变的教学手段，不拘一格。古今中外，适合的就是最好的。如学习《古罗马的政制与法律》用"Rome was not built in one day"（罗马不是一天建成的）、"All road lead to Rome"（条条大路通罗马）；在学习法国的《走向共和的艰难历程》，我引用富兰克林的"Every one has two nations，one of them is France"（每个人都有两个民族，其中一个是法兰西），引起学生对法国的兴趣和好奇；在学习太平天

国运动时，我先放一首表面看来与本课不相干的美国著名乡村歌手Dolly Patton
演唱的《Imagin》（想象），然后请学生用快速阅读的方法，找出课本中与歌
词中的理想世界相吻合的具体内容，评比出本节课的速读王，学生兴趣大增。
与此同时，精心设计问题，鼓励学生大胆质疑，注重授之以法，化难为易。既
包括读书的方法，如快速阅读和精读相结合、先宏观再微观、手不离笔等，也
包括解题的方法和规律。通过多变的方式，再注入一些多元、现代、时尚的元
素，将有点干巴的"木乃伊"历史变成鲜活的"埃及艳后"，从而引导学
生由浅入深、由感性到理性，步步深入，由厌学到乐学再到善学，实现质
的飞跃。

四、迈向成功

观念决定行动，细节影响结果，过程决定成功。仅就2006年高考而言，在
深圳市历史专业成绩前四名中，我校占据三席，超过了众多名牌中学，创造了
我校历史上的奇迹。近几年，经过不断努力、不断学习、不断探索，学生的历
史意识、历史能力、综合素质不断提高，师生们初尝了成功的滋味，但"路漫
漫其修远兮，吾将上下而求索"。

时代的呼唤　教育的使命

——高素质高中历史教师成长之我见

深圳市龙岗区布吉高级中学　姜少梅

当金融危机在全球肆虐的时候，中国的经济一枝独秀，仍保持快速增长的势头，令世人瞩目。但沉下心来冷静思考之余，不禁深思：我们的教育这些年虽有了突飞猛进地发展，学校越办越多、规模越来越大、校园越来越美，许多发达地区的校园设施等教学硬件即使与欧美发达国家相比也毫不逊色，甚至更豪华。但扪心自问，我们的教育，尤其是教师的素质与经济发展相匹配吗？老百姓对我们满意吗？众所周知，人才是可持续发展的重要保障，也可能是制约社会发展的瓶颈。国家发展需要高素质的教师来培养高素质的人才，争当高素质教师是时代赋予教师义不容辞的责任。怎样才能成为高素质的高中历史教师呢？作为一名在教坛摸爬滚打近二十年的高中历史教师，笔者拟结合自己的教学实践，谈一谈粗浅的看法和认识。

一、爱

教师的职业是一种特殊的职业，是用生命感动生命、用心灵照亮心灵的职业。我们要把课堂看成生命的对话、生命的延伸，珍惜热爱这些陪伴我们生命旅途中的重要旅伴。正如古希腊的梭伦、伯利克里等不仅是政治家，而且是演说家一样。作为一名好教师，也必须有一双慧眼、一颗博爱的胸怀，善于发现学生的优点，鼓动、激励学生，这一点对于学习基础较差、学生自卑感较重的普通高中的学生尤为重要。汤因比也曾说："历史知识乃是一张告诉我们哪里有暗礁的海图，如果我们有胆量使用它，知识就可以变成力量和救星。"的确，教育的艺术也许不在于传授的本领，而在于激励、唤醒、鼓舞。只要你行动，就会超越自己。教育也许不是万能的，但爱可以化腐朽为神奇。要做一名高素质的历史教师，必须由衷地热爱学生，关心尊重每一名学生，无论他的出身贵贱贫富、成绩好坏。每一年，在与每一届学生的朝夕相处中，笔者投入了很多，无论是精神上还是物质上。面对学生基础较差的现实，更是用尽各种办法，激发学生对学习的兴趣和信心，从各方面关心学生，做学生的良师益友，在做学生工作的过程中，学会欣赏学生，发现每个学生的闪光点，让每名学生都有成就感；理解和包容学生，从学生主体需要出发，主动帮助学生发展；创设民主平等氛围，与学生交流协商解决问题，培养他们的自我管理能力；对待后进生耐心、耐心再耐心；在生活上对有困难的学生给予无私的关爱，使他们学会学习，不断超越自己。2006届44名历史专业毕业生，有三人进入深圳市历史科前10名，陈丽花同学以840分位居全市第二名；肖斯墩、王艺哲同学均以历史专业784分的高分并列全市第四名。2009历史专业班109名学生，中考在500分～599分之间的只有22名，其他全在500分以下。就是这样的生源，因为爱，在2009年高考中，深圳市龙岗区历史单科前10名中的第1、3、5、7名都落在我校，其中王邱懿同学以137分的优异成绩位居深圳市历史单科第六名，真正实现了低进高出。学生从厌学到善学，不仅学会了学习、学会考试，更重要的是学会做人、学会生活，对生活充满激情，有一颗感恩的心，相对于考试成绩来说，这才是历史教育教学的最终归宿。

二、情

历史是一门"人"的学科，是一门培养人的灵魂和精神的人文学科，它激励人们追求至真、至善、至美。歌德说："我们从历史那里得到最好的东西是它所兴发的激情。"苏霍姆林斯基在《给教师的建议》中提到："在每一个年轻的心灵里都存放着求知好学、渴望知识的火药，只有教师的思想才有可能去点燃它。"对学生来说，情感直接影响到他们的学习兴趣及学习效果。只有积极、肯定的情感才能使学生的主体性、创造性得到发展，思维才能活跃。历史就好像枯萎了的沙漠玫瑰，看似已经过去了、消失了，但它真真实实地存在过，并影响着我们的现在和未来，它的复活需要历史教师用情浇灌。所有深受学生欢迎的历史教师，例如上海的李惠军，深圳的吴磊、唐云波等讲课都带有强烈的感情色彩，上课时激情洋溢、生机勃勃，这正是做教师的幸福处。而要达到这种以情激情、以情生情、以情动情的境界，并由再现思维能力发展到创造思维能力，从而激起学生强烈学习兴趣和动机的境界，需要历史教师不断锤炼自己的语言。苏联著名教育家苏霍姆林斯基曾指出："教师的语言修养在极大程度上决策着学生在课上的脑力效率。"优美的教学语言再加上真挚、饱满的情感，才能"润物细无声"地熏陶每一个学生，达到师生情感的交融，引起学生的共鸣，学习效果不言而喻。

三、真

作为一名高中的历史教师，既然选择了教师这一职业，就要做一名本真的教师，并享受这项工作带来的乐趣。专业精神是教师专业发展的重要内容，也是教师专业发展的灵魂，支撑着教师专业发展的全过程。我非常赞同赵亚夫教授的观点："忠诚，即坚守专业知识的纯粹性，追求人格的健全与精神的愉悦，要有专业精神和历史使命感。"我们在日常教学中应立足于每一节课，一个教师只有用心、用情、用理去准备、体验、感悟，上好每一节课，我们的课堂才能让学生的思维泛起点点涟漪，带来学习的灵感和精神的感悟。如果只重视公开课，忽略日常课，即使"一课成名"或"一赛成名"，璀璨的星光也会很快暗淡无光。当教师讲错时要诚恳道歉，勇敢地说声"对不起，我讲错了"。遇到社会的热点问题，不搪塞、不回避，而是客观理性地与学生一起分析，让学生提出自己的见解。当学生发现问题时，教师要引导他们思考和寻找解决问题的方法，培养出真正具有求实精神、怀疑和证伪精神、创新思维和进取精神的学生。愿我们多一份真实，少一份做作；多一份平和，少一份急功近利；多一份真诚，少一份浮躁。让我们的课堂因真实而充满生机，让我们的专业发展因真实而跨越更高，让我们的学生因真实而更好地发展，让我们的教师因真实而得到学生由衷的敬重。

四、思

思者，一是思考，独立的思考。教师传授给学生的不仅是历史知识、方法和能力，更多的是思考，对自身、对未来的思考。作为一名高素质的历史教师，应该拥有一颗自由飞翔的心灵，即要独立思考、追求真理，不迷信权威，有相对独立的人格。我们在面对诸子百家的教育理念时，应该有自己独立的思考，不仅仅听别人讲，更要自己静心思考；不只看书上的，更要依据自己的教学实践来做判断。不要让自己的头脑成为别人观点的实验场，不盲目赶时髦，实事求是，一切从实际出发，讲求实效，追求朴实的教学风格，以最经济的教学手段取得最高的教学时效性。高中历史教学不可避免要面对高考，重视高考并不等于紧盯考试。作为高素质的高中历史教师的视野必须要开阔，要超越高考。只有超越高考才能最终驾驭高考，否则只能永远仰视高考。要有历史的使命感和责任感，重视学生终身的发展，尤其在高一和高二阶段，要着重培养学生基本的历史意识、历史素养以及能力，切忌陷入死记硬背的深渊。

二是反思。反思是教师产生教学灵感与教学智慧的关键所在。叶澜教授曾经说："一个教师写一辈子教案难以成为名师，但如果写三年反思则有可能成为名师。"高素质的历史教师要善于在不断地反思中提升自己的教学智慧、教学灵感和教学驾驭能力。许多成功教师的备课本写满了反思，他们的成功之处就在于反思，不断地反思，不断地改进教学。反思包括对教育行为的反思、对教育理论与实践的反思，以及对教育失误的反思。反思可以激活教师的教学智慧，催化教师的专业成长，使教师受益良多。耐心、恒心、决心不仅是学生学习的需要，要成为高素质的教师也不例外。高中历史教师普遍工作负担重，还承担着高考的压力，精力有限。但一名高素质的高中历史教师应积极参加力所能及的教研活动，在善思、反思之余注意积累，做一些结合教学实践的课题研究，付诸笔端，写一些总结性的文章，以科研促教学，做科研的有心人，这将有利于提高自己的理论水平和实践能力。在目前中国教育界，专家往往脱离教学，尤其是中学历史教学，而有丰富教学经验的一线教师又甚少付诸笔端。也许在不经意间，我们会开垦出一片新天地来。

五、活

美国教育家布鲁纳认为："知识的获得是一个主动的过程，学习者不应是信息的被动接受者，而应该是知识获取的主动参与者。"高素质的教师重视学生的主体作用，力争让每名学生都拥有成功体验，都有进步的感觉。高素质的教师应以学生的发展为本，变知识的传授者为学习的组织者，不仅走近教材，更重要的要走近学生，在课堂教学中灵活多变、勇于实践，富有创新精神，积极探索使用研究性学习等多种学习方式。从学生出发，向学生提供探索、讨论、实践、调查以及解决问题的机会，创设接纳的、支持性的、宽容的课堂气氛，帮助学生构建起自主、实践、探索、合作的学习方式，为学生的终身学习与发展打下基础。在教学方法方面大胆探索、敞开胸怀，采用古今中外的多种教学模式和理念，不搞形式主义，不搞一刀切，不搞固定的几部曲，只要有利于目标的达成，不拘一格，勇于实践，大胆探索，精心设计问题，鼓励学生大胆质疑，不断激活学生的思维。教师不断根据学生的探究欲望调整教学活动，才会出现"心灵与心灵的对话"，这样的课堂教学才能充满活力。

六、读

赵国忠先生主编的《教师最需要什么》一书中阐述到："教师的魅力不仅仅来自得体的穿着、脱俗的谈吐、娴雅的举止、美好的姿态，更来自内在气质的自然流露，来自教师的优良人品，来自教师的善良与关爱，来自教师的宽容与公正，来自教师的敬业与正直……一位有魅力的教师，能以渊博的知识培养人，以科学的方法引导人，以完善的人格唤醒人，以优雅的气质影响人；一位有魅力的教师，能在生活、教学中追求美、创造美，更好地为教学服务，从而提高教学效率、提高学生成绩，培养学生高尚的审美情趣和创造美的能力。"要做高素质教师，提高自己的魅力指数，最可行的办法就是读书。"腹有诗书气自华"，书是最好的美容品，是我们的心灵鸡汤。在当今资讯高度发达的时代，只看教材和一本教学参考书是很难让学生信服的。唯有不断地学习、广泛地阅读，才能与今天的学生、今天的教育平等地对话。法国作家罗曼·罗兰曾说："要散布阳光到别人心里，先得自己心里有阳光。"著名女作家池莉说："如果把生活比喻为创作的意境，那么阅读就像阳光。"只有博览群书，我们才会出口成章、下笔成文，在教学中才会高屋建瓴、旁征博引、深入浅出、游刃有余；只有博览群书，我们的课堂教学才会百花齐放，呈现一派春色满园的勃勃生机。书籍应该是教师的至爱，终生学习，永不过时。作为高中历史教师，必须具备精深的专业知识，开阔的人文视野和深厚的教育理论功底。这就要求教师广泛地阅读经典历史书籍、史学期刊，甚至包括大学教材，要了解最新的史学动态；要读杂书，也许我们不是专家，但我们必须是杂家，文学、哲学、美学、地理、科技等书籍无不涉猎，要利用报刊、网络、影视，在广泛地浏览中打开我们的视野。社会也是一本大书，要广泛地阅读社会，而不是游离于社会现实之外。热爱生活，行万里路读万卷书，见多识广。要敏锐地把握时代的脉搏，与历史相联系。除了读有字书以外，还要学会阅读同伴，学会合作。每个人身上都有闪光点，"与君一席谈，胜读十年书""三人行，必有我师"，我们要互相欣赏、互相学习、互相合作，珍惜在一起工作的缘分。有了广泛地阅读，教师自然身手不凡，必然有自己独特的魅力，在教育活动中给学生以潜移默化的影响，取得事半功倍的效果。

　　克里希那穆提（印度）说："整个世界都埋藏在你的心底，如果你知道如何观看和认识的话，那扇门就在你的面前，而钥匙就在你手中。没有任何一个人可以给你钥匙或为你打开那扇门，除了你自己之外。"高素质教师并非高不可攀、遥不可及，事在人为，有行动就会有改变，有改变就会有进步。上海特级教师李惠军说："我是一位普通的教师，我改变不了这个世界，但是我将努力思考、努力践行，尝试着去改变自己的课堂。"我非常欣赏这句话，但事实是，如果教师的素质不断提高，如果我们能改变自己的课堂，也就改变了世界。

从教师专业发展的可持续性看教育资源均衡

深圳市龙岗区布吉高级中学　辛　爽

随着社会进步、现代化进程加速，可持续发展观正在被越来越多的人所认同。教育发展作为社会发展的重要组成部分，无疑对整个社会的可持续发展起着至关重要的作用。因此，只有教育自身实现了可持续发展，才能实现整个社会可持续发展的宏伟目标。而教育实施的主体和对象都是人，从这个意义上讲，教育的可持续发展离不开人本身的可持续发展。任何均衡都是相对的，在教育资源均衡的诸多因素中，师资均衡是基础。要保证其真正意义上的师资均衡，从人的可持续发展角度来看，就是要促进教师专业发展的可持续性。

教师作为一种特定的社会角色，在社会的发展中起着重要的作用，是社会文明的传承载体、人民群众的行为表率、年轻一代的人生导师。因此，从现代意义上讲，教师的专业发展就是教师在充分认识教育教学工作意义的基础上，不断提升专业精神，增强专业修养与掌握规律、拓展专业知识、强化专业技能的过程，是教师在教育这一特殊岗位上充分实现自身人生价值、服务社会、造福人类的过程。

为保证教师专业发展的可持续性，实现真正意义上的师资均衡，我从教师自身这个层面提几点建议。

一、树立发展观

教师作为社会的一个特殊群体，承担着传承人类文明、推动社会发展的历史重任。如果还抱着已有观念、陈旧的思想，显然是跟不上时代的步伐，担当不起重任的。知识经济时代的来临，要求教师必须树立终身学习观和发展观，加强自身专业发展，以适应不同阶段社会发展的需要，同时也适应不同时期的学生和同一时期不同学生的发展需要。

二、制订适合本人的专业发展计划

教师应根据自身的实际情况，制定出符合学校发展的专业发展计划。这个计划既要有短期目标，又要有中长远规划，还要注意循序渐进。在实施过程中要适时完善与修订，不能与学校的发展脱钩，同时还要考虑到教师专业发展的终极目标是为了学生的发展。只有这样，才能让自身的发展达到最佳境界。

三、抓住新课程改革的机遇

将自己置身于改革的浪潮中，磨砺自己，克服惰性，特别要致力于国家课程的二次开发和校本课程的开发。

四、踏踏实实践行教师专业发展的基本途径

虽然教师的专业发展没有固定的模式和套路，没有整齐划一的演进过程，但是许多专家经过对大量成功人士的案例分析，总结归纳出教师专业发展的基本途径是值得借鉴的。只有踏踏实实践行这些基本途径，才有可能做到厚积薄发，达到专业发展的制高点。这些基本途径有如下几点。

（1）反思教学实践，在总结经验中提升自己。

（2）坚持教学相长，在师生交往中发展自己。

（3）尊重同行教师，在借鉴他人中完善自己。

（4）学习教育理论，在理性认识中丰富自己。

（5）投身教学研究，在把握规律中端正自己。

我们正处于一个变革的时代、一个学习化的时代。全球化、信息化、民主化和知识经济的迅猛发展改变着我们的生活、改变着我们的社会，深刻影响着每一个国家和地区的教育改革与发展。在这样一个时代，将教育和教师推到了改革的前沿，时代的发展挑战着既有的教育思想、教育体系和教育方法，挑战着传统的教师定位，教师越来越成为一个学习的角色。这样一个时代，唯一不变的信条和真理就是："不断学习、不断改革。"在这样一个时代，教师专业化发展成了教育改革与发展的必然要求。虽然教师的自我发展是专业发展的核心，但是教育政策对教师的专业发展也是有重要影响的。所以，教育行政部门和学校应该为教师的专业发展创设良好的外部环境，采取切实有效的措施，提

供必要的客观条件。

教育均衡是一个热点、难点问题，任何均衡都是相对的。在教育资源均衡的诸多因素中，师资均衡是基础，而教师队伍的现代化是学校教育均衡的根本，因此教师必须不断学习，与时俱进，以适应现代教育的时代要求。

感悟教学艺术　营造和谐教学

深圳市龙岗区布吉高级中学　辛　爽

"教学不仅是科学，更是一门艺术。"在三尺讲台这个舞台上，教师就像一个歌唱家、一个演员，要用精湛的语言、丰富的表情神态、内心灵魂深处的情感流露来深深地吸引台下的观众，获得经久不息的掌声。艺术的灵魂在于情感，艺术的魅力在于风格，艺术的追求在于完美，艺术的成功标志在于共鸣。就课堂教学而言，教学艺术包括备课教学艺术、驾驭教材教学艺术、导入教学艺术、讲解教学艺术、设问教学艺术和针对毕业班的辅导教学艺术等。要求我们必须要做到以下几点。

一、教师必须把情感融入教学过程中

上课期间，教师应与每一位学生进行积极地交流。针对其作业内容、完成质量等说一些鼓励的话。布置练习后，教师应在教室内来回走动，察看学生的作业情况，一个点头或微笑、一句赞赏的话、一声亲切热情的指导，都会引起学生的兴趣。一个手势、一个眼神，或静默几秒钟，往往就可抑制顽皮学生的干扰行为。我会采用一些基本策略，达到吸引和保持学生注意力的目的。采取什么手段、以什么教育思想为指导来管理历史教学课堂，直接关系到教学效果。教学的艺术魅力在开课阶段就可激起全体学生的兴趣，为下一步教学的顺利展开奠定好的基础。一堂课如果是一支动听乐曲，开场是"序曲"，结课便是"终曲"。完美的教学必须做到善始善终，结课也是衡量教师教学是否有效的重要标志。恰到好处的结课不仅使整堂课结构完整，而且含有不尽之意，调动学生对下次课的积极性。

二、教师应培养自身独特的教学风格

教学风格的本质特点在于它的独特性，这种独特性表现在许多方面，如独特的教学语言、教学方法、教学风度等。也有学者认为，教学艺术风格主要是优秀教师在长期教学实践中逐步形成了各不相同的又相对稳定的教学艺术个性和特色。教学作为一门艺术，和所有的艺术一样，需要用心、用情去雕琢每一个细节，展现一种独特的生命智慧。但是教学艺术和歌舞、绘画、文学创作等艺术又有一个本质的区别，教师的教学风格是独创而不可模仿的。以上课为例，有的人上课善导，巧于设疑；有的人上课重情，以情动人；有的人上课重趣，引人入胜；有善于逻辑的，讲课环环紧扣、步步为营；有富于情感的，讲课跌宕起伏、峰回路转；有幽默风趣、诙谐机智的；有严谨庄重、规范有序的；有细腻柔和的；有粗犷豪放的，不胜枚举。它就如同烙在教师身上的印记一样，表明了教师独一无二的"我"。在追求教学风格时，最重要的是注意培养良好的个性品质。教师有优秀的思想品质和良好的个性品质，就会形成良好的教学风格。反之，就会导致教学风格的格调消极、低下。我们提倡的应是优良、高雅的教学风格。

三、教师必须研究教学规律，提高教学效果

要研究课堂教学这个活动过程就有必要分析一下课堂教学的几个基本环节。从教师这方面讲，主要是"备课、讲课、课外辅导和检查评定"这几个环节；从学生这方面看，主要是"预习、听课、巩固运用和课外阅读"这几个环节。上述两个方面的几个环节相互依存、相互作用，循环往复地推动着整个课堂教学的不断进行。研究教学规律，即指研究教学内容的规律、教学方法上的规律和认知上的规律等。教育教学实践证明，在教学中学生普遍易于接受的规律是从具体到一般，从感性到理性。例如，将书上的知识进行重组，使知识更加系统化、具体化等。这样使学生既学得具体、轻松，教师也教得愉悦，从而形成教与学的良性循环互动。

以历史学科为例，史论结合是历史学的基本特点，它决定了历史教师在教学中必须坚持史与论的结合，重视理论教学，从辩证唯物主义和历史唯物主义的理论高度分析具体历史现象，揭示其本质和规律，深刻认识史与论的关系。

历史理论是从历史现象中抽象出来的，是历史现象本质的、规律性的东西。只有全面系统地了解掌握历史现象，才能得出正确的理论结论，故称"论从史出"。只有在充分占有史实的前提下观察历史现象，才能揭示历史现象的本质，体现史论结合。就当前中学历史教学而言，史论结合的关键是强化理论教学，注重历史概念教学，重视历史的因果分析，重视对历史事件发生后有关问题的分析等。只有掌握了本学科的教学规律，才能提高教学效果。

总之，只有掌握了教学艺术的教师才能做到在整个教学过程中灵活调动各种教学手段，以大量的信息全方位地作用于学生的视觉、听觉、触觉等多种感觉器官，使学生接受知识变得相对容易、轻松。同时，精湛的教学艺术还会直接影响到学生的品德、知识、技能、智力、个性和审美等诸方面的发展。因此，重视教师的教学艺术可以激发学生的学习兴趣和学习热情，调动学生学习的主动性、积极性和创造性，丰富学生的想象力，推动学生不断向新的目标迈进。因此，教学艺术值得去钻研、去探索、去创新。

教师只有按照新课程理念的要求，从关注学生终身发展的高度不断优化课堂教学结构，积极营造民主、平等、和谐的教学氛围，才能达到事半功倍的教育教学效果。正如学者所说："艺术的灵魂在于情感，艺术的魅力在于风格，艺术的追求在于完美。"

新学期如何尽快形成班级凝聚力

——七七班学生个体转化面面观

深圳市龙岗区可园学校　朱　艳

很高兴有一次与大家共同学习交流的机会。作为一名普通的班主任，我和大家一样，每天都要面对自己班级中的学生，还要处理一些学生和家长的突发状况。说起班主任工作，我也谈不上有什么经验，只是有一些在工作中学习到的想法和做法，来和大家探讨一下。

开学前的一周，周主任对我们进行了班主任培训。我记得最清楚的一句话就是"开学初的一个月很重要，这一个月抓得紧，尽早形成前期教师态度定势，那么以后就会省力些"。所以在学生还没来的时候，我从思想上就先进入了战斗状态。一定要在第一个月就让他们进入正轨，发现问题及时纠正，有错误严厉惩罚。底子打得好，以后就会越来越顺手。开学最初的一个月我没有和他们很亲近，太熟了规范行为的效果就不会很有效了。就事论事，谁犯错误都要承担责任。用班长的话说就是"老师不管谁成绩怎么样，只要做错了就一起规范"。过两三个月班级很稳定了，我才慢慢地亲近他们，但还是不让他们有任何侥幸的心理。慢慢地知道跟着这个"和尚"什么是不能做的、什么是必须做的，知道自己的所作所为、一言一行都代表七班，让他们早日爱上七班，努力做到老师在与不在一个样。七班的个人就是全体。事事有人做，人人有事做，从"书柜图书管理"到"回执"的按时回收，从每块玻璃到讲台等有专人管理，时时捡垃圾（我的地盘我做主）、出操两条直线、跑步3人对齐、铃响安静等行为规范深入人心。

做好了心理上的准备就等着他们来了。开学第一天，富有成效地开了第一节见面班会。对我最大的鼓舞就是，窗外的几个家长下课后对我说："孩子放在这个班，我放心了。"家长的鼓励给了我很大的信心。但也有家长认为我遇到了个问题，因为君同学第一天来上课是穿着拖鞋、染着披肩长发、抹着红嘴唇、背着时尚单间包"晃"进教室的，看起来不太像是"良民"。

我不能太早下结论，毕竟只是第一印象。班会课后我有个惊喜地发现，关于校规、班规她能解读得很清楚，而且很能跟上老师的思路，积极发言，表达能力强。抛开她的打扮和外表，骨子里面是另外一个女孩。我很高兴，放学前及时找了她进行了朋友式的谈话。从她的眼神中我知道她接受了我，我决定让她来做预选班长。在预选的纪律班长、副班长和班长中，她最早树立了自己的威信。从自己做起，认真做好学生的本分，成绩一直是400分以上，很多学生愿意跟着她走，影响了很大一批人，大多数人从心里服气她，现在被八年级的学生举荐到校学生会。因为她的转变、她的得力，我现在很省心。不管什么任务，只要是交代一声，她就会弄得很完美。班级的班委会以她为核心很团结、很稳定。班级的每名学生都是七班的小主人，每次重大活动都有摄影记者跟踪，从校运会到篮球比赛、从军训到社会实践、从广播操比赛到元旦晚会，把他们的精彩镜头和可爱的笑脸冲洗出来，贴在后面的"大家庭"里面来见证他们成长的轨迹。班长还收集了一些他们小时候的照片，制作了"猜猜我是谁"的板报，使这个"家庭"看起来更温馨。在靠窗子的墙面上有他们未来的名片，还有他们本学期的任务目标，红绿蓝黄纸片的背后透露着他们的希望和责任。

有了班委会的正向领导，我就可以从烦琐的班主任工作中解放出来去进行宏观调控。同时努力完善自己，不断提高自己的职业业务水平，争取做个让他们佩服的老师，给他们以足够的安全感，这样他们才会踏实、开心地留在七班。

我还想说说鹏。鹏以前在小学很有"名气"，骂过老师，家长也找过学校理论。开学之初，他也曾被抓到放风吸烟，但这件事情后，鹏的转变很大。用他的话说，这个错误抛开伤害身体、违反校规不说，现在觉得最难受的是给七班抹了黑，而且自愿在全班面前念检讨，给前面的弟弟妹妹做了个很好榜样。我知道这对于鹏来说是多么不容易的一件事情，我很感动，而且对他敢于承担责任给予了表扬。从这件事情起，鹏尽量克制自己，虽然成绩还没很快好转，但他一直在努力。正是有这些像鹏一样慢慢懂事的孩子在不懈努力，七班的成绩也由开学初摸底考试的第十名慢慢爬到了第六七名。

最后我想说说另一个宝贝。她叫玲，每次考试后都是最难受的。因为她很努力，老师们也会很尽力地帮忙给她补课，可还是会70分左右。她几乎每天迟到，开学的时候喜欢和陌生的老师借钱，习惯每天晚上给几个老师打电话，曾一度被误会。同学开始的时候会笑她胖，不喜欢和她坐同桌。可是今天我想告诉大家，她现在是七班很负责任的劳动委员，每天都带头在卫生区打扫。开始的时候，脏活累活都是她来做，把垃圾桶刷得很白。她用实际行动赢得了同学的尊重，再没人说她胖了，还有很多女生提出来和她同桌帮助她学习。由于早上要很早来监督值日，她不再迟到了，路上不再贪玩了，妈妈也露出了开心的笑容。她私下开心地对我说，"老师，我做了劳动委员瘦了不少。"

七班的全体学生以主人翁的责任感，经过一次又一次的努力，取得了一些成绩，这些成绩离不开每一名学生的付出。忘不了文和武为了广播操比赛不拖班级后腿课间练操的情景，忘不了校运会上整齐的步伐和响亮的口号，这些成绩的取得是他们团结的结果、爱七班的结果。反过来也让他们更加喜欢这个班级，规范自己的行为，开开心心、健健康康地在这个大家庭里面完成初中学业。

时间默默地流逝，我欣喜地看着他们一天天进步，回首之间发现自己也和学生一起成长，有喜有忧、有笑有泪，但做七班的班主任是幸福的。三年的路说短不短，毕竟他们还是孩子，也还是会出现一些反复的问题，我会用足够的耐心和他们一起成长。感谢七年级全体老师对我工作和生活上的帮助，特别是七年级搭班老师为七班的每一点进步做的努力，你们辛苦了！最后以一句话和大家共勉："教育者之爱，应比母爱更细腻，比父爱更宽广，比情爱更质朴，比其他一切爱更纯洁、更高尚。"

我的教育故事

深圳市龙岗区可园学校　朱　艳

知道自己继续带初三，心里面偷偷地高兴了一下，但是转瞬就进入了备战状态。虽然假期和前任教师做了很细致地交接，但是开学的状况还是有很多我没预料到的。

开学第一天报到，有26个学生不请假就不来了，心里面准备好的什么词、什么规矩、什么和尚的令，此刻全都没有了用武之地，一个人站在前面对着来了的学生说愤怒、说要求也是无效的。想到以前只要悄悄地站在门后面，就会有学生小声说："闭嘴，有杀气。"站到教室前面就"刷"的一下子安静下来的感觉，此刻些许的失落和无奈。我知道，接下来要做的事情有好多。

既然来得那么少，说完军训的事情就放学吧。我像往常一样，说了声"大扫除后放学"，本以为像以前一样大家各就各位，10分钟窗明几净的结束战斗。当我一转身才发现，除了班长小倩一人在擦窗子外，其他人全都跑没影了。问题好严重，我问班长："这是咋回事？"班长说："老师，太正常了，咱班学生可懒了。做班长就是干活的。"这不，新的问题又来了：懒惰，分工不明。

第一天下午放学，我回家把大小虎姐锁在房间的外面，伴随着她们的砸门声、哭声，我打完了26个电话。电话的请假内容，除了三个在老家赶不回来的，其他的家长请假理由"充分"得不得了，头疼的、腰疼的、脚崴的、牙疼的、感冒的，每个请假的理由都足以让人火冒三丈。我想是不是大家不愿意军训才这样的，但也要主动请假啊。

开学针对这种有事不请假的情况，第一次家长会和家长约定，有事家长先请假，还要有假条，最好是医院的假条。让他知道请假不是容易的事情，是和德育分数和老师的担心挂钩的。

经过动员，有30名学生参加军训。经过学生和教官的共同努力，我们班是捧回来奖状最多的班级，虽然人少，但士气高。接着我就趁热打铁，赶紧召开一次班会，把军训好玩的心得说给大家听，大家觉得那是一份珍贵而难得的回忆，没去的20名学生觉得眼馋，觉得没去真的太遗憾了。

正式开学了，人齐了，可以定规矩。针对班级的懒、散、不团结、迟到现象、两极分化特别严重的情况，约定了铁的三章，谁违背谁转班。"一、铃响就闭嘴（第一遍铃声响就要安静）；二、出门两条线（大会小会前3名到场，出教室门就是两条直线队伍）；三、我的地盘我负责（主要针对邓级长说的以前卫生太差了，什么时候巡查前面后面都有瓶子和纸张），不管谁扔的，自己的地方自己捡，这样就可以负责到人了。"一个学期下来，班级大扫除因为分工特别明确，小到窗台都会有人擦了，讲台下面、走廊等，随时检查基本都是干净的。到会时间也很准时。学习气氛也浓厚了些。

班里奕璇同学在小学受过一次欺负后，心理压力很大，导致初中从不讲话。而且班级一些同学经常欺负她，加上她从小在奶奶家长大，父母关爱少些。刚到这个班级，我最想做的就是让她变得强大，我选她做我的历史课代表。老师不在，她就代表老师，帮她树立了威信和自信。现在的璇是个开朗、乐观的美姑娘了，因为自己的强大和同学的慢慢懂事，也不再被欺负了。同学慢慢喜欢上她，她也更热爱学习和班级了。期中考试的作文反映出她心里的变化和热爱生活的心态，真的很替她高兴。

还有小林同学，这小姑娘八年级的时候和老师怼上了，越不让迟到就越迟到。感谢谭老师提前给我打了预防针。开学第一天我就主动亲近她，找出来好多她身上的优点和她聊天，假装不知道她迟到的事情。结果效果还真是不错，一个学期她只有一次因为赶不上公交车迟到了，还主动找到老师承认错误，很愧疚，觉得给班级抹了黑。我心里特高兴，她能那么有集体的荣誉感，也慢慢地爱上学习了。

原来在八年级的时候，10个200分以下的学生都坐在第一组的一堆了，这就人为地造成了两极分化。我重新给他们配了成绩好的同学坐同桌，让他们有了一种没有被抛弃的感觉，重归班集体，学习积极性也提高了。

班长小倩因为参加学校的体育训练，和同学的接触时间少，这也许是班级不团结、小团体作战的一个小小原因。所以本学期我又选了另一个班长——嘉浩同学。他虽然成绩不好，但是在同学中的人缘很好。为了进一步树立班长的威信，我利用班会让嘉浩同学表演了他的拿手好戏——鬼脸街舞，这下同学更加对他佩服得五体投地了。接下来班长说什么大家就做什么，班级就这样走上了正轨，有了自己的行为规范和特色。这下我终于可以喘口气了。

我清楚地记得，校长说老师要注重对孩子心智的培养，心智成熟了，其他的学习任务就会完成得比较好。我做老师这些年也发现，越早懂事的孩子成绩进步得越快，所以深知自己做得还不够。德育工作应该做到每个孩子的心里，而不只是几个孩子的心里。如果我再细致些，做到百分之百的家访，那我就不会等到毕业前才知道有个小孩是自己住的；就不会等到中考前一天才知道有个小孩不想参加中考；如果我再强调一次，就不会在历史中考前有学生拿错准考证；如果我再多一点耐心，就不会有人最后一场忘记拿准考证。还好这些事件都在第一时间得到了解决，没有影响考生的考试。

作为老师我是幸福的。感谢教过的每一名学生，因为你们的故事可以让我有话可说，感谢你们给我的感动，感谢学校给我感受幸福生活的机会。我的同事、我的家人、我的学生们，你们是我幸福的源泉。